羽毛飘扬天下

毛凤伟 蒋于龙 王孜怡 兰冰洁 潘秀珍 朱世敏 译

威利·施密特·利布 主编

"羽毛飘扬天下"（德）

编号并签名的特别收藏版（共75本原本）

特别鸣谢：浙江三星羽绒股份有限公司

东华大学出版社·上海

史提芬·帕尔默 寄语

Feathers Fly Around the World
The second publishing of the original book translated into Chinese
《羽毛飘扬天下》
中文译本
再版
Preface
序言

Down and feathers, like other natural fibers, have been used by people for thousands of years as insulation for clothing and bedding long before the development of man-made synthetic fiber. The down and feather industry can trace its roots back hundreds of years in countries all over the world, as a byproduct of the poultry meat business the material has been traded internationally for many years between producing, manufacturing, and consuming countries. Ours was a global industry long before the term was commonly used.

在人造纤维快速发展之前，羽绒和羽毛与其他的天然纤维一样，数千年来一直被用于保暖的衣物和床品。多年来，在全球各生产、制造、消费国之间，羽毛原料的国际贸易从未间断。羽绒羽毛业作为肉类家禽业的附属产业，可以在全球的各个国家追溯到它们的发展起源，直到千百年前。

而早在"羽绒羽毛业"这一名词被人们熟知和广泛使用之前，这一行业就已经是一个全球性的产业了。

In the aftermath of World War II, which completely devastated Europe, people began to rebuild their lives and the businesses and industries that thrived in the European countries for centuries. In 1952 a small group of people, Feather Merchants, gathered in Paris France with the intent of better organizing our industry by establishing basic standards, definitions, and rules of trade. To facilitate this effort, they established the "International Committee of Arbitration" which was re-founded in 1958 as the International Down and Feather Bureau (IDFB).

第二次世界大战令整个欧洲的经济、民生受到了严重的破坏。战后的人们开始重建他们的生活，重建那些曾经令欧洲数百年来保持繁荣昌盛的工商业。1952 年，一部分羽毛贸易商们聚集在法国巴黎，希望通过制定基本的行业标准、名词定义和贸易准则来使羽毛行业变得更加组织化、规范化。为了实现这一目标，他们建立了"国际仲裁委员会"。该委员会于 1958 年重组，并正式成立了国际羽绒羽毛局（IDFB）。

This book is the second publishing of the first IDFB edition translated into Chinese, the book details the origins of Down and Feathers and the development of the commercial trade until 1970. It is an interesting factual depiction of the history of one of the most unique, functional, and enduring products known to man.

《羽毛飘扬天下》一书，作为 IDFB 初版的再版，首次被翻译成了中文译本。该书详述了羽绒羽毛业的起源，以及直到 1970 年前的羽毛贸易发展史。该书翔实、生动、有趣地描写了羽毛这独一无二、出类拔萃、经久耐用的产品与人类发展史之间千丝万缕的联系。

A very special thanks to Samsung Down Co for all their work in translating the original text into Chinese for the benefit of the many people who wish to learn more about this old industry that is also deeply rooted in China.

在这里我要特别感谢浙江三星羽绒股份有限公司，感谢他们将本书的内容翻译成中文而作出的一切努力。他们所希望的是让更多的人了解、学习"羽毛"这一历史悠久，同时也深深扎根于中国的行业。

Stephen Palmer
President
International Down and Feather Bureau
史提芬·帕尔默
国际羽绒羽毛局主席

March 31, 2020
Chicago, Illinois USA
2020 年 3 月 31 日
于美国伊利诺伊州芝加哥

德语
Federn fliegen um die Welt

塞尔维亚 - 克罗地亚语
Perje leti oko sveta

罗马尼亚语
Penele sboara in jurul lumii

匈牙利语
Toll lebeg a föld körül

波兰语
Pióra lecą wokół świata

法语
La plume vole autour du monde

英语
Feathers fly around the world

意大利语
Le piume volano intorno al mondo

捷克语
Peří létá kolem světa

荷兰语
veeren vliegen om de wereld

丹麦语
Fjer - oaveralt i verden

西班牙语
PLUMAS VUELAN ALREDEDOR DEL MUNDO

葡萄牙语
PENAS VOAM KELO MUNDO

俄语
ПЕРЬЯ ЛЕТЯТ ВОКРУГ СВЕТА

3

序

《羽毛飘扬天下》（*Feathers Fly Around The World*）是国际羽绒羽毛局（IDFB）于 1974 年出版的"羽毛书"，讲述了羽绒文化起源、科普知识、生产工艺、水禽品种、消费市场、IDFB 的成立与发展等行业信息和历史，图文并茂，内容丰富，被奉为国际羽绒行业的百科全书和"史记"，极具行业学习和收藏意义。

作为水禽养殖和禽肉产业的副产品，羽绒可谓弃之为废、聚之为宝，其独特的天然、轻柔、舒适和保暖性能，使之成为防寒服装和床上用品的绝佳填充料，被越来越多的消费者所崇尚与青睐。目前，中国是世界上最大的羽绒及制品的生产、出口和消费国，占据了国际市场 70% 以上的份额。但相对欧美国家使用羽绒寝具已有上百年的历史和传统来说，我国的羽绒寝具市场起步较晚，市场普及率还不足 5%，远低于欧美和日本。这也预示着中国羽绒寝具市场具有巨大的开发潜力。希望《羽毛飘扬天下》的发行，能够成为中国羽绒业者和消费者了解羽绒的文化和历史、认识羽绒寝具的窗口和教材。

《羽毛飘扬天下》德文原著曾被译为英文和日文在业内被传阅，如今中文译本的问世，将使更多的中国读者了解羽绒在睡眠文化中的重要地位，回首 20 世纪 70 年代之前的世界羽绒产业，也是我们继承和发扬行业前辈专注、热爱、奉献精神的见证。《羽毛飘扬天下》中文译本的翻译和出版，得益于浙江三星羽绒股份有限公司的资金支持及精心运作。在此，谨向浙江三星羽绒股份有限公司表示衷心的感谢。

羽毛飘扬天下，不仅仅是这本书的名字，更是代表了历代羽毛人的梦想、希望和心声。

愿洁白的羽毛飘扬到世界的每个角落，为人们带去温暖、健康、幸福的美好生活。

姚小蔓

国际羽绒羽毛局副主席

中国羽绒工业协会理事长

2020 年 2 月

馆长寄语

2016年春天，当我在筹建全球首家羽绒博物馆——三星羽绒博物馆时，初次拜读到本书的英文版原著，当即萌生了将其译成中文的想法，让广大中国羽毛爱好者得以研阅行业历史。小小一根羽毛，在作者笔下却涵括了神话学、航天工程学、鸟类学、古生物学、语言学、纺织学和时尚美学等各类庞大的话题。《羽毛飘扬天下》一书翔实地记录了19世纪以来全球羽毛产业发展与贸易史，收录了许多文献数据和不少现收藏于知名博物馆、美术馆的传世画作，生动、真实地再现了过去羽毛原料的收集、生产加工、销售等场景。本书各章节内容深入浅出，当代与羽毛相关的题材均被作者一一挖掘，对于真正的羽毛爱好者，细品本书绝对是一场酣畅淋漓的"饕餮盛宴"。2016年以来，由本人牵头组建了翻译小组，组员如下：毛凤伟、蒋于龙、王孜怡、兰冰洁、潘秀珍和朱世敏。该工作小组对英文版原著进行了逐字逐句的推敲翻译，并经过多轮校核、讨论、评审和完善，前后耗时三年多，特别是在新冠疫情影响下的2020年超长春节假期里，翻译小组召开了连续一周的远程终审会议，全员一字一句核对校审全书，效率之高，讨论之全，感触颇深。同时，我谨代表翻译小组衷心感谢在翻译期间咨询请教过的羽毛业界诸多资深前辈、专家、学者和企业家，包括但不限于 IDFB 主席 MR.STEPHEN PALMER，IDFB 副主席、中国羽绒工业协会理事长姚小蔓女士，IDFB 公共关系委员会主席 MR.BRANDON PALMER，IDFL 总裁 MR.WILF LIEBER，钱江海关宋保国先生，无锡海关邓瑾女士，德国 PETER KOHL KG 的董事长 MR.FRANZ KOHL 等。

值得一提的是，作者编写《羽毛飘扬天下》时所依据的蓝本——*FEDERN UND DAUNEN* 现收藏于三星羽绒博物馆。三星羽绒博物馆由创立于1988年的浙江三星羽绒股份有限公司投入巨资打造而成，其以羽毛为主题展开，集行业之精华，探羽绒之奥妙。三星羽绒博物馆藏书丰富，不乏珍本、孤本、善本；藏品众多，呈现数百年来人类与羽毛千丝万缕的联系。

择一事，终一生。担任三星羽绒博物馆馆长的我每每念及自己与羽毛行业之间的渊源，都觉得人生际遇颇为神奇。"毛"是我与生俱来的家族姓氏，而在从事羽毛行业20多年的时间里，"MR. FEATHER"（羽毛先生）是各位同行对我的爱称。您若深入了解羽毛，相信您也会与我一样深深地爱上羽毛。有谁会不喜欢这轻盈、柔软、天然的产品，不爱上这世上最佳的保暖材料呢？

心之所向，行之所往。我希望该书中文译本的出版，能以其极强的可读性和收藏鉴赏价值，有助于国内羽毛行业的研究工作。让羽毛飘扬天下吧！

Mr.Feather　毛凤伟
羽绒博物馆馆长

序言

Every period has its problems and by solving them mankind moves on.

Heinrich Heine

虽然每个时代都会出现不同的问题，但是人类社会就是在解决这些问题的过程中不断进步的。

海因里希·海涅

每个当下皆有其过往。只有重视当下的人，才能被载入史册。

如果以正确的方式看待，历史可以是璀璨绚丽的，从中我们可以学习到前人的宝贵经验。您仍然对此存有疑虑吗？那么……

例如，当人们从法国赶往俄罗斯收购羽毛时，他们往往需要雇佣一名保镖，因为在那个年代，到处都是现金交易。过往的画面都是对当今的馈赠。

除了经济，无论是羽毛贸易、初加工和精加工，还是羽毛制品，皆有史可鉴，为此，本书就这些方面与文明史之间的万缕千丝进行了探讨。

让·保罗·萨特在他的书中写道："Das Spiel ist aus"，生者与逝者最终会在阴暗世界中见面。新死之人询问另一逝者，如何才能辨别生死，答曰："哦！很简单。人活着时总是一副匆匆忙忙的样子。"

在我们休息或酣睡时，我们体内的力量也在恢复。在填充用羽毛业中，人们总是竭尽所能地让睡眠和休息更为舒适：床、羽绒被、枕头和靠垫。

从原料毛到羽绒制品要经过一段漫长的路程。大多数原料毛来自中国、匈牙利、波兰、捷克斯洛伐克、南斯拉夫、法国乃至冰岛。本书之所以叫作《羽毛飘扬天下》自有其道理，因为真正伟大的正是这小小的羽毛。

本书由弗里茨·沃尔克先生和卡尔·普拉希特博士合作编写。前者负责广泛地收集材料；后者负责编辑工作。我在此向整个编辑团队表示感谢，包括奥托·罗德斯先生和维尔纳·弗鲁希特先生。同时，我在此对那些支持我、并为本书提供素材和图片的国内外友人表示由衷的谢意。我还要感谢伊丽莎白·沃尔夫博士和冈特·加斯特洛克先生能够雅正本书手稿，并提出宝贵建议。本书英文版由于特·梅女士和卡尔·梅先生共同翻译。法文版由安德烈·曼格女士和鲁道夫·曼格先生共同翻译。

本书旨在打破枯燥事实框架的局限，以一种更加有趣的方式，从国际层面上为羽毛行业提供资料和信息。

亲爱的读者们，我希望您也能在阅读本书时感受到乐趣。

1974 年 10 月 威利·施密特·利布博士

化石鸟

化石鸟是世界上最古老的鸟类。这种鸟类的祖先是爬行动物，但并非"飞行类爬行动物"（翼手龙），其距今已有约 1.5 亿年的历史。这种鸟类全身均有羽毛覆盖，后肢也不例外，而如今的鸟类，后肢上的羽毛已经退化。

这只标本于 1877 年在弗兰克尼亚的侏罗纪地层中发现，目前保存十分完好，原始标本收藏于东柏林博物馆。

今天，共有 8600 种鸟类生活在我们的地球上，种类之多，难以想象。

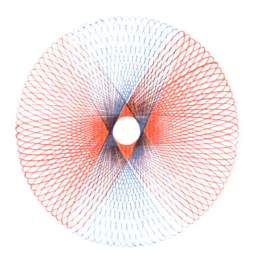

附言

经历了数次大战之后，各国伟人们试图抛弃使得国家分裂的各类成见。这些伟人们首先从共同的经济利益出发来团结各国人民。"欧洲观念"，即一个紧密团结的欧洲，就是其中闪光的思想之一。

正如本书所介绍的一样，国际羽毛组织，鉴于其历史、前期发展与所获成就，因有资格成为这一领域的先驱者而感到自豪。为实现共同利益，各国开始寻求联合，随着这种理念的出现，参与羽毛市场的各个团体，包括西欧和东欧各个国家，以及海外的贸易组织、协会和公司，共同构成了这一组织的雏形。这样一个具有代表性的国际组织，以羽毛的名义，将供应商与客户紧密联系在了一起。该组织的一项重要任务就是通过遍布全球的代表人员及时发现并追踪所有对共同利益可能构成影响的势力和趋势。

然而，国际羽毛组织并不具有强制执行命令的指挥权力或需求。该组织主要依赖于其咨询机构所提供的中肯观点来给出建议和推荐。在不久的将来，市场愈发多变，个人的力量将不足以解决那些困扰供应商、加工商和消费者的问题。此时，国际羽毛局必然需要确立新任务，同时，这也是其面临的一次真正考验。

拜德斯彻申 / 康斯坦茨湖，1974 年 10 月 8 日。

Otto Röders, Deutschland
奥托·罗德斯，德国

Michel Topiol, Frankreich Emmerich Spanyik, Ungarn
米歇尔·托皮奥尔，法国   艾默里奇·斯潘尼克，匈牙利

国际羽毛局主席——奥托·罗德斯，副主席——米歇尔·托皮奥尔、艾默里奇·斯潘尼克

目录

第一部分

艺术与科学
视角中的飞
行艺术

一、神话与
艺术

《飞行的梦想》，阿尔布雷希特·丢勒早期鲜为人知的作品，绘于 1493 年。艺术家表达了人类渴望与鸟儿竞争的愿望。人们在手肘上黏上羽毛，希望通过手肘的弯曲，来获得飞行的能力。但是，如图所示，在这第一张印刷的人类飞行图中，这种尝试失败了，伊卡洛斯掉入了水中。

年轻的丢勒非常热衷于科学，他渴望证明自然是有极限的。12 世纪的许多雕塑也刻画了这一主题。

1. 这一切都源于伊卡洛斯

人类渴望像鸟儿一样在天际畅游，这一愿望似乎自人类诞生之初便已经存在，像伊卡洛斯这样传奇的人不在少数，他们甚至为此付出了生命的代价。

另一个历史上的例子就是达芬奇。他分别于 1496 年和 1505 年尝试飞行，虽然均未成功，但是他的想法无疑为后世的航天工程师们指明了道路。

研究鸟类飞行是本探究的出发点。即是，看完达芬奇的作品，人们还是无法弄清，达芬奇究竟谈论的是鸟，"鸟人"，还是由人类操控的飞行器。

奥托·李林塔尔是一位柏林工程师，也是世界航空先驱者之一。他成功地利用机翼完成了空中飞行，成为历史第一人。奥托·李林塔尔于 1896 年 8 月 9 日丧生，在此之前，他已经成功进行了将近 2000 次的飞行试验。但是，风险意识并未阻挡人们的兴趣。在李林塔尔前后，众多勇敢的人们献出了他们的生命，只因欲与鸟儿争个高低。

"像鸟儿一样飞行"，只要有这样的目标存在，人们就会不断尝试，直至实现。人类不会满足于乘坐飞机飞行，人们必须凭借自己的能力飞行。

其中的原因是什么？人类渴望打破重力的束缚。飞行即自由。诗人们通过各种方式表达了这一想法。

难怪人们做梦都要飞翔。弗洛伊德甚至赋予梦中飞行以情欲意义，但是，与他的所有理论一样，这一观点也颇具争议。

在世界著名首府，奥通圣纳泽尔大教堂的浮雕上，第二个和第三个形象，描述的是魔法师西蒙尝试借助翅膀在空中飞翔时，从空中摔下来的情景。

13

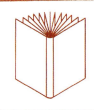

2. 作为神奇生物的鸟类

过去，人类不仅仅把鸟儿视作飞行的象征，也经常将其与来世联系到一起。人们认为，鸟是超自然力量的使者或神的代言人。神的"助手"，天使的翅膀说明了他们具有神圣的能力。

神话故事中也是如是描述。爱神厄洛斯和赫尔墨斯有翅膀。长着翅膀的天马珀伽索斯在空中翱翔。宙斯，众神之父，偶尔会变幻成飞鸟来接近貌美女子，以便更容易地达成其欲望。天后赫拉热衷于以孔雀的形象出现。

事实上，罗马人会要求占卜师通过鸟儿的飞行来预测未来，这也说明，罗马人认为鸟类具有超自然力量。

在中国，福禄寿星往往都是骑着仙鹤出现的，因此，仙鹤也往往象征着长寿；在日本，公鸡是黎明的使者，代表的是太阳。

在日耳曼文学中，这样的描述也相当丰富。一只凝视远方的金色公鸡仁立在世界之树（灰树——伊格德拉西尔）之上，提醒着众神是否有敌人接近。

众神通过幻化成猎鹰和巨鹰的身躯，隐藏自己的行踪。随着乌鸦投靠奥丁主神，这些鸟类也加入了神的行列。

高卢人供奉的就是一个有乌鸦特征的神。在里昂城中，经常可以看到有人别着有乌鸦形象的臂章。萨摩曼人是天生掌握神秘力量的僧侣，居住在西伯利亚、北美和爱斯基摩，仿佛只要披上羽毛，他们就会变成老鹰。幻化成神话动物后，他们变得更大更强，仿佛宽广的大地都臣服在他们面前。

▲
丘比特（费迪南德·提兹）18 世纪的南德洛可可艺术大师

弗朗西斯科·戈雅：（1746 ~ 1828 年）
飞行方式（不同形象的雕刻） ▶

戈雅是西班牙浪漫主义时期的代表性画家，擅长表现人性的软弱，笔触准确，视角独特。

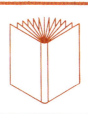

Today we know: "The airplane is the safest way to travel." 今天，我们都知道：“飞机是最安全的出行方式。”
Don't count on miracles. 不要指望奇迹发生。

There is only one good for man, science, and only one evil, un-science.

Socrates

只有一种善，那就是科学；只有一种恶，那就是无知。

苏格拉底

Animals are technically superior to man in many ways.

在技巧性上，动物的很多方面都优于人类。

　　羽毛在鸟类身上的覆盖，有着许多不同的作用，鸟类必须以此来对抗重力的作用。要想起飞，鸟儿首先要通过跳跃把自己推出去；另外，在飞行时，鸟儿必须要迎风向前、绕过障碍，并且在落地时，不能伤到骨头。鸟儿在空中会尝试找到最优的飞行高度，充分地发挥肌肉的作用。当翅膀完全展开后，鸟儿首先上下摆动翅膀，然后收翅，再向后摆动。从技术的角度来看，鸟类的飞行与划船的原理类似。

　　从翅膀与胸骨的连接方式，以及躯体的精确结构来看，鸟类的飞行方式并不是激烈地与自然力量对抗。在羽毛、表皮和肌肉之下，鸟类拥有中空的骨骼，里面充满空气，这减轻了其自身重量。

　　这些空腔可以隔热，因此，对于维持鸟体温度，起着非常重要的作用。但是，负责保持体温的主要是羽毛。因此，鸟类能够在 900 米（2950 英尺）至 1500 米（4915 英尺）的高空飞行，甚至还可以飞得更高。

　　在印度，人们发现鹅可以在大约 9000 米（29500 英尺）的高空飞行。鹅和鸭的正常飞行高度为 200 米（650 英尺），其他数据显示甚至可以飞到 1300 米（4260 英尺）。

2. 羽毛生理学

在所有鸟类中，蜂鸟是最为优秀的飞行选手。蜂鸟可以像直升机一样悬停在空中。蜂鸟是唯一能够在飞行过程中上下移动，甚至向后飞行的鸟类。蜂鸟每秒拍打翅膀可以达到 50 至 200 次。当蜂鸟盘旋在花朵周围时，看起来几乎像是静止不动地站立着。

羽毛是从鸟的皮肤中衍生出来的角质化产物，就像是哺乳动物的毛发。在每个乳突上，表皮层发育成角质物质，并长出表面，形成羽毛。乳突中心形成羽茎。羽枝从羽茎向侧面辐射。

羽毛是一种展示了完美工程学和美丽的形状、颜色和谐交融的产物。羽枝决定了羽毛的形状，羽毛沿着弯曲坚挺的羽茎生长，分布在羽枝两侧。然后，羽毛之间又会相互贴紧，有序地排列。两侧的羽毛要么十分顺滑，要么长有细小的倒钩，从而使羽毛不仅能相互重叠，而且相互固定，形成连续的羽毛网，也就像一个"叶片"。特别是通过翅膀和尾巴上的羽毛，可以很清楚地看到这种极为精细的结构。

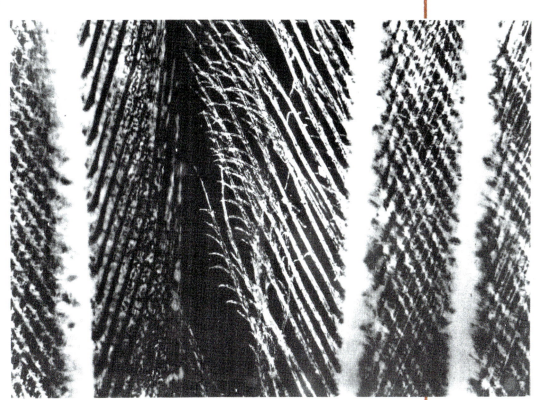

显微镜下观察到的切片——放大 250 倍后的鹅毛

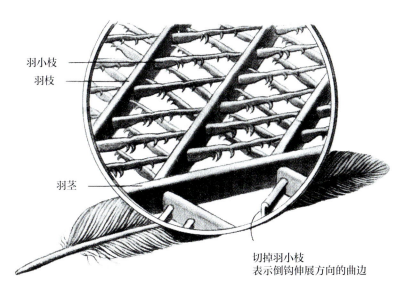

羽小枝

羽枝

羽茎

切掉羽小枝
表示倒钩伸展方向的曲边

这一部分显示的是带有倒钩的羽小枝曲边。
来源：《科利尔百科全书》

17

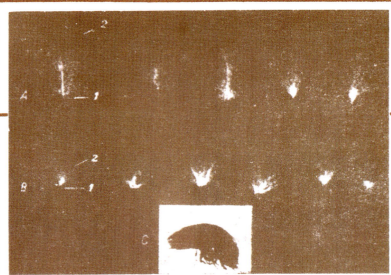

来自：Technologia Pierzartwa K. Deregowski
- J. Zielinski

Little beauties don't thrust themselves upon you. They want to be discovered.

O.Goldmann

小美女们不会自己冲到您面前，她们渴望被发现。

欧·戈德曼

羽毛
A — 半羽绒 1. 羽轴 2. 羽茎
B — 羽绒 1. 羽轴 2. 羽枝
C — 线状羽毛

正羽
A — 对称
B — 不对称

1. 羽翼的背侧面
2. 羽翼的腹侧面

显微镜下观察到的放大 60 倍后的家禽羽毛

羽毛是从鸟的皮肤里长出来的。皮肤由表皮和皮下组织组成。表皮的外细胞层较为坚硬，覆盖在下层细胞之上。这些细胞能够分裂，形成生长层。表皮与底层真皮通过一层膜结构分开，而结缔组织是一层富含神经和血管的真皮。皮下组织是一种松散的结缔组织。此细胞层血管丰富，用于储存皮下脂肪。

羽毛的发育

A— 真皮纵剖面：

1. 角质外细胞 2. 生长层细胞 3. 表皮 4. 真皮（真皮层）

B— 羽胚纵剖面：

1. 羽鞘 2. 中间层 3. 圆柱细胞层 4. 真皮黏液 5. 神经 6. 血管 7. 卵泡腔

C— 羽胚横截面：

1. 真皮黏液 2. 凸起 3. 中间层 4. 羽鞘

D—羽绒纵剖面：

1. 羽鞘 2. 羽枝 3. 羽小枝 4. 羽髓 5. 羽颈 6. 真皮黏液 7. 真皮

E—刚展开后不久的正羽纵剖面：

1. 羽茎

2. 羽枝

3. 羽小枝

4. 羽髓

5. 羽颈

6. 真皮黏液

7. 真皮

F—刚展开后不久的正羽横截面：

1. 羽茎

2. 凹槽

3. 羽枝

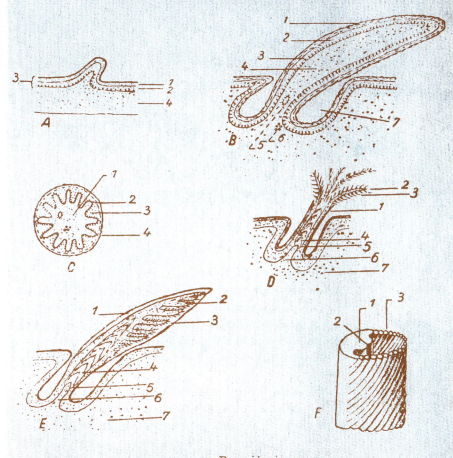

Rozwój pióra poprzedza tworzenie się wzniesienia pod naskórkiem. U podstawy wzniesienia naskórek zapada się tworząc pierścieniowaty rowek, w którym tkwi zaczątek piora. Zewnętrzna warstwa zrogowaciała i komórki zewnętrzne warstwy

Rozwój piora

A — przekrój podłużny wzniesienia skóry: 1 — zrogowaciałe komórki zewnętrzne, 2 — komórki warstwy rozrodczej, 3 — naskórek. 4 — skora właściwa; B — przekrój podłużny zaczątku piora: 1 — otoczka, 2 — warstwa komórek środkowych, 3 — warstwa komórek walcowych, 4 — miazga skóry właściwej, 5 — nerwy, 6 — naczynia krwionośne, 7 — pierścieniowaty rowek; C — przekrój poprzeczny zaczątku piora: 1 — miazga skóry właściwej, 2 — macki, 3 — komórki środkowe, 4 — otoczka piora; D — przekrój podłużny puchu częściowo rozwiniętego: 1 — otoczka, 2 — promień, 3 — promyki, 4 — dusza, 5 — ssawka, 6 — miazga skóry właściwej, 7 — skóra właściwa; E — przekrój podłużny piora konturowego przed rozwinięciem: 1 — oś, 2 — promień, 3 — promyk, 4 — dusza, 5 — ssawka, 6 — miazga skóry właściwej, 7 — skóra właściwa, F — przekrój poprzeczny piora konturowego przed rozwinięciem: 1 — oś, 2 — bruzdka, 3 — promień

3. 生有羽毛的动物—生有毛发的动物—然后是人类

山雀　　戴菊莺　　蓝山雀　　金翼啄木鸟　　苍头雀　　红尾鸟

鸵鸟——体型最大的现有鸟类

所有的鸟类都生有羽毛和毛皮，起保暖作用。鸟的种类数以千计。它们能够适应各自不同的环境。例如，生活在近水区域的鸟类往往腿部更长，或脚趾间生有脚蹼，从而更有利于蹚水或者游泳。

不过，并不是所有的鸟都会飞，比如，鸵鸟就不会飞行。另外还有企鹅，企鹅的翅膀无法实现飞行，但是在水中，企鹅的翅膀可以发挥船舵一样的作用。以前，甚至有鸟类比鸵鸟还大，重量可以达到150千克。相比之下，一只蜂鸟的重量都不到10克。

鸟喙对于鸟的重要程度就像是手对于人的重要程度一样。鸟喙的形状往往表现出鸟的进食方式和食物种类。鹅喙和鸭喙的形状宽而平，适合于它们的进食习惯。

企鹅

野鸭

鸵鸟

鹭鸟

20

"Our life is regulated not logically, but biologically and biocatalogically", says Mr. Bilz

比尔兹先生说：*"我们的生活并非通过逻辑来调控，而是通过生物和生物类目来调控。"*

猫

几乎所有的哺乳动物都生有皮毛，但是，河马和犰狳（qiú yú）只长有少许鬃毛。和鸟类一样，哺乳动物也是恒温动物。

人类，自诩为最高级的"哺乳动物"，大部分毛发已经退化。只有在特定的身体部位还能发现毛发的痕迹。由于失去了原有的热量调节器，所以，人类必须人为地补偿这一必不可少的功能。显而易见，人类选择了与人类相近的恒温动物的毛发来维持体温。这一实践仍然存在分歧。由动物毛发制成的纺织品，如羊毛，满足人们在白天保暖的需要，鸟类羽毛制成的纺织品，满足人们在晚上保暖的需要。然而，这主要取决于人们的生活习惯和传统。有些大衣和外套会在使用羽毛或羽绒作内衬的同时外面覆盖着动物毛发制品。其实两者都包含相同的物质，即角蛋白，从某种程度上说，如果想要取得特别效果，这两者可以互换。究竟是采用此材料或是其他材料，很大程度不是取决于品质高低，而是其结构特点和预期目的。对于一件外套而言，羽毛或羽绒是最佳选择。

狗

兔子

羊

浣熊

4. 严酷的自然法则

羽毛不仅具有保护功能，还为翅膀和尾巴提供支撑。天气寒冷时，鸟儿会竖起羽毛，增加羽毛的体积。其中的空气气垫减少了身体的热量流失。天气炎热时，鸟儿会将羽毛紧紧地贴在身上，以减少保暖空气层。

羽毛的功能决定了其排列方式和形状，可以分为几种类型。例如，斑鸠具有 2000 到 25000 根正羽和覆羽，而海鸥只有 6500 根。适合飞行的羽毛通常有更少的活动羽茎。

鸟儿时常会更换全部或部分羽毛。这种季节性更生叫作换羽，是由于荷尔蒙水平发生某些变化而导致的。这些变化取决于光照和温度。生活在北极的鸟类会根据相应温度的变化，换上标志性的夏装或冬装。例如，家鸭每五到九周就会换一次毛。其他鸟类也会采取各自的节奏来换羽。

在 15 世纪，达芬奇预言了羽毛床垫的普及，但同时也对其风靡深感遗憾。他在他的"笔记本"里写道："有无数人，忘记了天性，忘记了自己的名字，如同死人一样，依靠掠夺其他死去的生物而生存；他们在鸟羽上休憩。"

5. 鸟羽类型

由于羽毛种类繁多，必须根据其形状、尺寸、重量、弹性和颜色来区分不同的羽毛类型。根据功能，羽毛可以分为三类。第一类为覆羽，尤其是正羽，也就是所谓的"软羽"，其功能是保护鸟体以及翅膀和尾巴上的硬羽毛。后者可以通过羽茎的坚硬程度和羽翼的顺滑程度来区分。

第二类为绒羽（绒毛），这类羽毛既没有羽茎也没有羽轴。这些羽毛的中心位置上生有细长的小羽枝，呈放射状伸展。这第二类羽毛被称为鸟类的隐蔽羽毛。前面提到的第一类羽毛，也就是覆羽，长在鸟体外侧，起到保温作用。第三类为毛羽（纤羽）。这类羽毛难以察觉，呈发丝状，在毛尖上有一小簇羽枝。其功能是传递触感。在大多数鸟类中，正羽并非均匀地分布在身体的表面。着生羽毛的皮肤部分称为羽迹或羽区，不着生羽毛的地方称为裸区。

Art does not picture visible things, it makes visible.
Paul Klee
艺术不刻画显而易见的事物，艺术使事物显而易见。
保罗·克莱

6. 羽毛化学分析

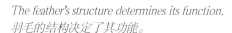
一般来说，羽毛的化学成分与头发组织的化学成分是对应的，尽管羽毛中含氧量低，硅酸量多，在热水中，这些物质可以完全溶解。将羽毛在稀硫酸中煮沸，即可提取到离胺基酸和酪氨酸这两种成分。角蛋白是角质物质的主要成分。

新生羽毛由以下化学物质组成：水（42.65%），含氮化合物（53.63%），脂肪（1.69%），灰分（2.03%）。氮是羽毛中含量最多的元素，氮在羽毛中的含量是15%。羽毛中的其他元素还包括硫（2.57%）、氯（0.53%）、以五氧化物形式存在的磷（0.34%）、以硅酸形式存在的硅（0.22%）和钙氧化物（0.10%）。胱氨酸，是一种结晶类硫酸氨基酸，可从羽毛中提取。每一种羽毛的化学成分可以与另一种羽毛略有不同。例如，鹅和鸭子的羽毛的脂肪含量高于母鸡和火鸡羽毛的脂肪含量。

羽毛具有吸湿性，因此其含水量取决于其所处环境的空气湿度。在北美气候环境下，水禽羽毛可以吸收大约13%的水分。但陆禽羽毛的吸湿能力稍差一些。

Knowledge is power.

知识就是力量。

Knowledge is good, but ability is better.

知识虽好，但能力更重要。

（ *Francis Bacon, Essays 1597 年* ）

（*弗朗西斯·培根,《随笔》1597 年*）

（ *Geibel, Dramaturgische Epistel, end* ）

（*盖贝尔,《戏剧性的书信》结尾*）

7. 颜色与光泽

皮肤、兽皮和羽毛的颜色，以及花瓣的颜色，都是由一种特殊细胞产生的色素决定的。在早期发育阶段，这些细胞沿着胚胎曲面移动，就像是冲刷鹅卵石的水流。一段时间过后，这些细胞稳定下来，聚集并产生色素。

在 1905 年至 1913 年间，科学家们成功地得到了玫瑰和紫罗兰色素的结晶。这些科学家很快意识到，在大多数情况下，所有红色和紫色植物都含有这种相同的色素。

在酸性环境中呈亮红色的颜色，在碱性环境中，会变为紫色，而在中性溶液中，则会变成蓝紫色。最终，科学家发现温度、光线和某些矿物质的存在也会对色彩构成影响。科学家们还注意到，动植物的颜色遗传符合孟德尔遗传定律。

羽毛的颜色取决于色素种类和光折射。羽毛上的微小脊线会分散光线。科学家们发现，虽然有些羽毛颜色差别较大，但是，它们都含有相同的棕色素和黑色素。除了黄色、棕色和黑色之外，羽毛的其他颜色如彩虹色都是伪装色。所有羽毛都含有棕色素作为基底。这些颜色通常仅存在于羽毛的外层、裸露区域。大部分羽茎没有颜色。

光照、食物、大气湿度、温度和鸟龄都会影响羽毛的着色。如果食物中某一物质的含量过多或过少，羽毛可能褪色或变色。饥饿和高龄会延缓颜色的形成。如果环境中的湿度较高，羽毛的颜色就会变深。

8. 羽毛——早期物理实验的对象

无论是直接还是间接，羽毛成为了测量重力的基础。很难想象，如此之轻的羽毛竟然成为了重力定律的实验对象。

300 多年前，意大利物理学家伽利略就利用羽毛做了这样的实验。然而更为著名的是他从比萨斜塔上抛下不同大小铁球的实验。

如此轻盈的羽绒，如此纤弱的结构，怎么能做到与一枚石头、一个铅块同时落地呢？在正常状态下，它们不能同时落地，最轻微的风便可以把羽毛高高吹起。如果在真空环境中同时抛下羽毛和石头，实验则会成功。即排除空气阻力，重力对于两者的作用即是相同的。这些实验使伽利略成为了当今技术发展的先驱。他通过调查与发现，而非假设，解释了这种自然现象及相关的定律。因此，伽利略可谓是现代动力学的创始人。他早期掌握的有关于重力的知识和经验都极大程度地丰富了当时的科学理论。因此，他的名字直到今天仍被当作度量衡的单位，也就不足为奇了。羽毛，作为实验对象，也贡献了其力量。

伽（Gal）是重力加速度单位 cm/s^2 的缩写，以伽利略·伽利雷的名字命名。在地球物理学中，这个单位用于表示重力加速度的大小。更小的单位称为毫伽和微伽。

齐格弗里德之剑实验：在他的电影《尼伯龙根之歌》中，弗里茨·朗让齐格弗里德用一支羽毛来测试巴鲁姆克圣剑的锋利程度。剑锋划过，羽轴一分为二，缓缓落地，分落两旁。

《群鹅图》（Flock of Geese）（新帝国时期的埃及绘画）

灰鹅会尝试挽救从巢里滚出来的鹅蛋，还会误把橡胶球认作自己的蛋。

鹅蛋、鸭蛋和鸡蛋都是"蛋形"。但是鸟蛋形状各式各样。例如，雕鸮蛋和其他一些鸟蛋几乎像球一样圆。有些鸟蛋是圆柱形或锥形。

很难相信，家鹅这种肥肥胖胖、走起路来摇摇晃晃的普通动物，它们居然是苗条的灰雁的后代。这些害羞的鸟类，在迁徙期离开家园，飞越条件艰苦的北欧国家和不计其数的湖泊、沼泽和湿地，向南飞往德国、法国、匈牙利、罗马尼亚和波兰。在迁徙途中，这些大鸟们向前长长地伸出脖子，呈 V 字形飞行。而到了黄昏或夜晚，这些野鹅群会在田野和草地上觅食。鹅群中每一个成员都会一直保持"随叫随到"的距离。当一个走在另一个后面时，它们或多或少地排成梯队移动。即使很远也不难听到它们宏亮的叫声。灰雁们通过叫声来表达自己的心情。长久且有规律的"gangangangang"说明这只鹅在它的领地内心情不错。而这些叫声如果持续时间越短，则说明这只鹅越着急往前移动。如果是"gangangang"三声有规律地叫，则表达了它们即将开始新的迁徙。如果一只鹅不想飞，而是想慢慢步行，它就会发出"gangingang"的叫声，加重中间音节。作为灰雁的后代，我们驯养的家鹅叫声也是如此。更有趣的是，因为家鹅们无法飞行，只能不停地用叫声来传达它们步行的意图。

作为群居动物，灰鹅非常需要它们的伙伴，因而诞生了很多野鹅与家禽一起饲养的故事。尽管每年秋天它们会向南迁徙，但是年复一年，每到春天，它们还是会回到老伙计的身边。但是如果人为地阻止灰鹅迁徙，渐渐地这种直觉和本能也就退化了。加上野灰鹅本就喜欢与驯养的灰鹅交配，久而久之，人们也便难以区分哪一只是野生灰鹅，哪一只是驯养灰鹅了。因此，群居属性是野生禽鸟能被人类驯化的一个重要原因。

灰鹅往往会把巢安在芦苇荡或灌木丛中，筑巢群居生活。一只雌鹅和一只雄鹅共同生活，雄鹅会帮助雌鹅抚育后代。雄鹅一生都不会离开雌鹅。灰鹅的寿命几乎和人类一样长，可见其专一。

幼鹅们很早就会离开自己的巢穴，它们先是跟随母亲生活。但是在幼鹅刚孵出来时，如果雌鹅不在附近，而刚好有人类在巢穴附近出现，那么怪事就来了：幼鹅会毫不犹豫地跟着这个人。即使以后雌鹅和雄鹅出现，幼鹅还是会跟着这个人。幼鹅似乎本能地会把它见到的第一个生物认作其监护人。

奥地利教授、诺贝尔医学和生理学奖获得者康拉德·洛伦兹（Konrad Lorenz）发表的著作引起了广泛的关注。他是研究动物本能的第一人，并从科学层面上解释了动物本能。1963 年，他最出名的著作《所谓的邪恶》一书，讲述了侵略性本能对于维系物种生存的重要作用。洛伦兹也证明了后代与母亲的关系是在出生后的时间里确定的。

他拍摄了多张自己被幼鹅们簇拥的照片，这些幼鹅把他当作了母亲。因为自出生后，洛伦兹一直在照料这些幼鹅，所以它们习惯于跟着他。而他更喜欢选择灰雁作为他的实验对象。

2. 鹅养殖

不言而喻，到了秋季，农妇是非常乐于见到装满了鹅毛的袋子、锅里满满的鹅油和一块块烟熏的鹅排这些景象的。在圣马丁节端上美味的烤鹅时，农妇的脸上总是洋溢着幸福的笑容。所以我猜想那个经典的笑话并不是真实的："什么时候农夫才会吃鹅？——只有农夫病了或者鹅病了的时候。"

养鹅的成本低，但是收益颇丰。农夫养鹅不需要太多的水；只要能让它们溅起点水花就足够了。它们是真正的食草动物。青嫩的草是它们的主要食物，有时它们甚至会自己去觅食。只有在它们刚出生时，为了保证幼鹅的饮食营养，才需要添加一些细磨的麦麸饲料。

在以前，农夫不仅会在牧场放牧牛羊猪，而且会在村外或城外的草地上饲养鹅。鹅被专门安排生活在草场中较为泥泞潮湿的区域。早上，鹅群在雄鹅首领的领导下外出觅食。晚上，鹅群叫唤着返回村里，飞回棚舍，享受玉米粒美食。

资金有限的小社区难以负担起鹅群放养的费用，所以这里的鹅群就没有那么幸福了。这些鹅群生活在肮脏的草地上，因为它们的贪吃，大量的花园被毁坏。甚至在1847年，索斯特沼泽地的两个村子还因此发生了争执。当然，在南斯拉夫、罗马尼亚或匈牙利的边境地区也存在这种情况。

在育种时，必须十分谨慎地为鹅选择伴侣：体重大的雄鹅配体重小的雌鹅，体重小的雄鹅配体重大的雌鹅。纯白色羽毛是首选，虽然颜色与品质并不挂钩，但是市场对白羽的需求强劲。野鹅在被人类驯养后，多种生物特征均已发生变化，例如羽毛的颜色，而且其产蛋量和蛋重都有所提升。

如果要放养鹅群，则需要充足的空间。每只鹅应占用多少面积主要取决于土地结构和效能。因此，在不同的地区，对散养鹅场的面积的要求也有所不同。饲养鹅首先是为了鹅肉，然后是鹅毛。销售羽毛可以大幅增加利润。

3. 鹅的知名种类

图卢兹鹅——灰鹅中较重的一种鹅

1. 图卢兹鹅（雁属）：脂肪多；育肥的图卢兹鹅体重能达 12 至 15 千克，小一点也可达 8 至 10 千克；产蛋能力强；喉咙部和腹部有明显垂皮；分布集中。

2. 埃姆登鹅：产自英国；杂交品种在德国分布广泛；纯白色羽毛；肉多；幼鹅饲养相对简单；成年鹅体重达到 10 至 12 千克。

3. 驼峰鹅（Höckergans）
非灰雁后代；起源于东亚；饲养简单；耐寒。

4. 朝圣者鹅：一种非常有意思的动物。在刚出生时，可以通过羽毛颜色判断其雌雄：白色为雄，橄榄色或棕色为雌。但是它们成年后雄鹅雌鹅的颜色几乎是一样的。

5. 卷曲鹅（Lockengans）
因为这种鹅的羽毛明显畸形，可长达 50 厘米，所以才叫这个名字。雄鹅重达 6 千克，雌鹅重 4.5 至 5 千克。

6. 迪普霍尔茨鹅：产蛋能手；重 6 至 7 千克；这种鹅不仅容易饲养，而且产蛋多（140 枚）。

7. 埃尔布鹅：与图卢兹鹅杂交而来；每两个巢内可以产 20 至 25 枚蛋。

8. 波西米亚鹅：主要生活在波西米亚南部；重 4 至 4.5 千克；长有漂亮的白色羽毛。10 至 11 周龄后，可以进行第一次羽毛采拔，可收获约 80 克羽毛；之后每 8 周可以收毛一次，每一次可以得到 150 克羽毛。育种品质良好。

9. 波美拉尼亚鹅：与埃姆登鹅大小相同。鹅肝相对较大；品质高，可以用于改善其他鹅种；重 7 至 8 千克。

10. 施泰纳赫斗鹅：驼峰鹅的后代；灰色羽毛；重 5 至 7 千克。

Like man the bird relies upon its eyes; therefore man can easily approach it.
像人一样，鹅也是依靠眼睛来分辨物体的；所以人类可以轻易接近鹅。

Haushöckergans（鸿雁）Tuberele 家鹅

西籽鹅

口哨侏儒鹅（Dwarf Whistling）的翅羽形状特殊，在飞行时会产生特有的噪声。

4. 鹅的历史和文化

可能早在新石器时代，灰鹅已经在北欧和中欧被驯化为家禽。公元前三世纪，在北叙利亚、美索不达米亚以及埃及的绘画中就已经存在白鹅的形象。所以这让部分专家认为早在公元前四世纪，"灰"鹅已经在小亚细亚饲养。随后，它们被作为家禽引入埃及。在美杜姆（Medum）附近的伊特（Itet）墓地，科学家发现了白胸红颈灰鹅的彩色壁画。

在古埃及，鹅作为神的象征，有举足轻重的地位。埃及人本身也非常喜欢鹅肉细腻的口感。在猎人的帮助下，人类抓住了它们。将鹅拔毛去除内脏之后，人们将鹅肉放在烤肉叉上烤着吃或者放在水壶中煮着吃。在墓中还发现了随葬的经过防腐处理的烤鹅。

荷马在他的《奥德赛》中也提到了鹅。在希腊以及小亚细亚，鹅一直是阿芙罗狄蒂的象征。在希腊墓碑记录中，鹅是爱和警惕的象征。在塞浦路斯，鹅被人们献祭给维纳斯。

在伊特鲁里亚人的绘画中，鹅与生育女神（Thalna）的形象一起出现，象征着子孙繁荣。罗马国会大厦的鹅雕塑代表的是婚姻之神朱诺，象征着子孙兴旺和婚姻忠诚。

在罗马时代末期，罗马有大型养鹅场，这些鹅过度肥胖，导致肝脏增大（参见"鹅毛和鹅肝"部分），有趣的是，在古老的德国，早在公元前一世纪，罗马人已经熟悉了用鹅绒和鹅毛作为填充材料制作靠垫的方法（来自新帝国时期的埃及绘画）。

（新帝国时期的埃及绘画）

机警的波美拉尼亚鹅与快乐的农夫的故事。
曾经有22只波美拉尼亚鹅。它们与一位农夫一起生活在农场里，并且非常喜欢这位农夫。于是，它们问道："我们该如何表示感激呢？"一只最年长的鹅仍然记得著名的"都城之鹅"的故事，于是它们决定做同样的事情。它们开始日日夜夜守护着农场，并且大声警告着经过农场附近的所有老鼠、邮递员、虫子、收奶工、蜘蛛、流浪者、田鼠、农业机器销售员等。经过几个不眠之夜，由于震耳欲聋的噪声，农夫失去了曾经的快乐和耐心。于是，农夫决定摆脱这些鹅，当场杀光了它们。
约翰·默利（John Murley）（1838～1923年）通过这个故事讲述了一个道理："仅仅想要做好事是不够的，还要采取正确的方式。"

5. 鹅毛与鹅肝（“foie gras”）

Animals feed, only man knows to eat.

Brillat-Savarin

动物只知进食，只有人类才懂得美食。

布里亚特・萨瓦林

在公元前 387 年的一个月圆之夜，当众人还在都城沉睡之时，已经征服了罗马的高卢人悄悄地逼近了城墙。突然间，朱诺圣所里的鹅群开始叫唤起来。吵闹声叫醒了马库斯・曼里乌斯。他及时赶到，并把刚刚攀上城墙的高卢人推了下去。高卢人的奇袭失败了，都城保住了。为了纪念这些鹅，罗马市中心竖立了一只金鹅，并且每年这里都会举行全城游行，将一只活鹅带到金鹅的前面，作为庆祝的象征。

事实上，为了感谢鹅拯救了都城，罗马人开始停止吃鹅。不过之后他们同意妥协：好好饲养鹅群，享受美味的鹅肝，无需有任何历史顾虑。据普林尼（Plinius）称，议员梅特勒斯・西皮奥（Metellus Scipio）是第一个把鹅育肥的人。之后肝脏变得特别美味。不幸的是，他却没有享受他想出的“美食”太久。在凯撒与庞培之间的战争中，他站“错”了边。然而，应值得为他树立一个纪念碑，也许是在佩里戈尔德或斯特拉斯堡矗立一座雕像。

梅特勒斯・西皮奥之后的罗马诗人，例如贺拉斯、马歇尔，还有朱韦纳尔等都在各自的《文集》中提到了鹅肝。几个世纪以后，蒙田、拉伯雷等 16 世纪的作家都给予这种美味非常高的评价。然而，让鹅肝在烹饪历史上获得不可动摇地位的是马雷夏尔・孔塔德。此人是阿尔萨斯省的军队领导，驻扎在斯特拉斯堡。

他的厨师让・皮埃尔・克劳斯是洛林人。有一天，他烹饪了一道叫做“孔塔德馅饼”的菜。马雷夏尔非常高兴，并差遣信使送了一份“馅饼”到凡尔赛宫。国王和他的臣子非常满意，奖赏了马雷夏尔一座位于皮卡第的庄园，而他的厨师只得到了一点“小费”（表示感谢）。

在 1784 年，这名厨师与一名糕点师的遗孀结婚。在他的店里，他向斯特拉斯堡的所有市民出售“鹅肝馅饼”。

今天，“鹅肝馅饼”已经是一道世界名菜。只要您品尝过，您就明白为何这道菜会如此风靡。

曾经有一名在斯特拉斯堡的美国人并不知道这道菜。于是他询问旅店老板这道菜如此风靡的原因。老板解释到，“鹅肝馅饼”是一道精美的菜肴，风味独特，是法国菜系的巅峰之作。但是当美国人又问他这道菜肴究竟是用什么做的时候，老板回答说：“先生，这是在品尝神的食物！所有吃过鹅肝的人，都立刻高兴地说不出话了。”

“是的”，美国人说，“我已经注意到，只要一提到鹅肝，人们就变得语无伦次了。我只想知道，这东西究竟是什么，我能将它蘸着番茄酱吃吗？”

这种家禽除了能带给我们舌尖上的愉悦之外，不要忘记，这么多年来它们还提供了第二个重要的产品——羽毛。在中世纪，人们已经开始使用羽毛笔在羊皮纸上书写，而现如今，我们享用完一顿美餐之后可以舒适地坐在用鹅毛绒填充的软沙发上。

鹊鸭
一种家鸭（公鸭）

6. 鸭

这种鸭子是绿头鸭（主要是野鸭）的后代，广泛分布于湖泊和池塘。这些家鸭的种群和它们野生的祖先一样，最初是通过颜色来区别它们的雌雄：雄鸭头顶的"装饰"华丽，蓝绿色的头部光彩照人，脖颈上有一道白环，而雌鸭的羽毛呈暗棕色。经过驯化，大部分的家鸭种群已经没有灰色羽毛了。家鸭体型比它们的野鸭祖先大，更笨拙，但是肉质更嫩。与其他水鸟一样，大自然对它们格外眷顾，鸭子的羽毛能够防水，不会润湿皮肤。随着羽毛浸湿，重量变大，鸭子就可以潜入水下。冬天的严寒可能会冻死恒温动物，然而这样的事情并不会发生在鸭子身上。即使在寒冷的天气，鸭子也能够在冰冷刺骨的水中嬉戏喧闹。鸭子会借助尾部皮脂腺所产生的油脂，用它们的喙润滑各处的羽毛。人们发现鸭子每天都会梳理羽毛，这一工作是至关重要的。如果羽毛脏了或不光滑了，鸭子会浸入水中，清洗羽毛，并将其再次润滑。羽毛之间的空气层有两种作用：第一，使鸭子"漂浮"在水面上；第二，使冷水无法接触到温暖的皮肤。鸭子对食物不是特别挑剔。它们什么都吃，例如谷物、草、蠕虫、蜗牛、昆虫，甚至昆虫幼虫。它们主要在水中或泥中觅食。鸭子宽而扁平的喙起到了筛子的作用。

舍尔鸭 ♂ ♀
野鸭 ♂ ♀
针尾鸭 ♀ ♂
赤膀鸭 ♂

从上图中可以看出，鸭子种类繁多。具体可以参考第38页的系谱树。
下面是一些例子： 针尾鸭
凤头潜鸭
绿头鸭
红头潜鸭
潜鸭
赤膀鸭

7.鸭养殖和鸭品种

潜鸭

一对琵嘴鸭

因为鸭子能够在水中自主觅食，所以鸭子的养殖非常有利可图。饲养者最初认为，平均每只鸭子只需要鹅一半的食物。由于鹅对食物比较挑剔，所以死亡率远高于鸭子。

中国是世界上最大的鸭养殖国。其中大多是放养鸭，没有特殊的养殖规定。只要有水的地方，就是鸭子的"天堂"。然而在欧洲，鸭远未拥有像鹅一样重要的地位。作为不需要放养的动物，养鸭几乎没有场地要求。

最知名的蛋鸭品种是卡其坎贝尔鸭（Khaki-Campbell Duck）和疾走鸭 (Runner Duck)（以前叫作印度疾走鸭）。但据说，中国皇室所养殖的北京鸭，产肉和羽毛更多。育肥后重达 2 至 4 千克。

鸭子也必须像其他纯种动物一样，被记录血统。

如下特征可以作为从成千上万只小鸭中挑选种鸭的标准：第 7 周时它们的体型和羽毛；第 9 周时它们的育肥程度。

在母鸭产蛋第一年，需要进行严格的筛选。饲养员需要对母鸭喙和腿的颜色进行评定。而对于公鸭则是对其叫声和卷尾进行评判。

小鸭子出生后仅在前两到三周需要对鸭舍进行人工保暖。

鸭子种类可以分为三种：肉鸭、蛋鸭和观赏鸭。

作为育种使用的鸭子第一次喂食时，应当像肉鸭一样喂养。但随后要给它们喂食含有更少蛋白质的饲料，并让鸭子开始运动。

肉鸭的宰杀是要在其羽毛发育成熟且换毛前。

近几十年来，瘦肉生产商越来越钟爱鸭养殖。特别是在法国，菜单上到处可见鸭肉。在巴黎著名餐厅 "Tour d'Agent" 有一道特色菜，其鸭肉均为限量供应。

一只公鸭可以与 5 ～ 6 只母鸭交配，那么 15 ～ 20 只公鸭就可以与 100 只左右的母鸭交配。

平均来说，鸭子每吃 4 千克饲料可以增重 1 千克。因此，料肉比为 4：1。到第 3 周，增重 1 千克所需的饲料为 3 千克；到第 7 至第 9 周，鸭子增重 1 千克所需的饲料为 4.5 千克；到第 10 至第 12 周，鸭子增重 1 千克所需的饲料为 7 千克。

科尔本特鸭

肉鸭包括：

北京鸭：重 3 至 3.5 千克；白色羽毛；黄色皮质。

爱兹柏立鸭：白色羽毛；最重达 4 至 5 千克。

鲁昂鸭：在法国非常普遍；棕色羽毛；公鸭重 3.5 至 4 千克。

卡其坎贝尔鸭是一种蛋鸭（印度疾走鸭）：棕色或白色羽毛；重 2 至 2.5 千克；产蛋能力强（4 个半月时即可首次产蛋）。

其他种类还包括法国知名的旺代鸭、比利牛斯山鸭、中央法国鸭、拉布雷斯鸭。

观赏鸭包括翡翠鸭、鸳鸯鸭（见第 71 页右图）、奥平顿鸭等。

It is a necessity for man to eat.
To know how and what to eat is an art.

(French proverb)

民以食为天。
如何吃，吃什么，都是一门艺术。

（法国谚语）

这两张照片都是在比利牛斯山脉附近的法国养殖场拍摄的。比利牛斯山鸭已经获得了与中国鸭、长岛鸭和其他鸭种同等重要的物种意义。这种鸭子最初是通过黑羽北非公海鸭和白羽北京母鸭杂交而来。这种杂交鸭的命名取自其主要的生活地点，即比利牛斯山区。

比利牛斯山鸭

比利牛斯山鸭的羽毛颜色遗传自其父代公鸭。这种鸭子侧面和背部生有鲜艳的蓝色羽毛，是该物种最大的特征。

蓝色羽毛可谓是"奇迹"，因为杂交品种的基本颜色只有黑色和白色。实际上，饲养者也没有想到会出现新颜色；他们只是想增加鸭子的重量。因此，比利牛斯山鸭有特殊的重要意义，首先，也是最重要的是，它们是美味佳肴，其次，用其羽毛做出来的床品十分舒适。

照片拍摄者：西弗大街拉斐德路 40 号杜邦先生第 14 工作室

海鸭（黑羽）
北京鸭（白羽）

鸭科的系谱树

对"鸭科鸟类"的系统调查（根据 Johnsgard）；在鸟类这一大家族中，动物学家又一次依据它们的重要体征来区分出各种各样的种类。

鸭科鸟类的种类——共有 144 种——其共同特点是拥有膨胀的角质喙。所有雏鸟都远离自己的巢穴；它们都有厚厚的绒毛。当然动物学告诉我们，这些鸟类仍然存在更多不同的解剖学上的特点，以及有关行为的特点。

根据上述区分法，将鸭科鸟类划分为三个亚族：

a）分足鹅：指脚趾间的蹼未完全发育的鹅。目前只有一种生活在澳大利亚。

b）雁亚科：包括天鹅、真正的鹅以及所谓的树鸭。这一亚族的特点是雌雄的着色通常比较相似。家养品种，如驼峰鹅便来自于灰雁和鸿雁一族。

c）鸭亚科：是指通常讲的鸭族。鸭亚科的共同特点是除去其他大量的形态学上的细节以外，雌雄之间在着色和叫声方面有很大的不同。这一族包括所有种类的鸭子。

家养鸭的祖先是绿头鸭和麝香鸭。鸭子和其他 7 个鸭族组成了鸭亚科，其中的 6 个被发现出没于旧大陆（古北区（palaeoarctis））

1. 雄麻鸭或麻鸭族，其中包括棕硬尾鸭以及鸡鹅。之所以叫做鸡鹅是因为其外表很像鸡，但是其几乎已经绝种了。

2. 栖鸭或栖鸭族。包括受欢迎的观赏品种，如北美木鸭、亚洲观赏鸭、所谓的艾德里安鹅、瘤鸭、侏儒鹅、麝香鸭，另外还包括家养鸭。

3. 淡水鸭或淡水鸭族：最佳的例子便是绿头鸭，除了麝香鸭以外，其他的家鸭都是从绿头鸭演化而来。在中欧，有针尾鸭、秃头鸭、野鸭、琵嘴鸭等。

4. 潜鸭或潜鸭族：包括北美帆布潜鸭、斑背潜鸭、环颈潜鸭和白眼潜鸭。

5. 海鸭族（秋沙鸭族）、欧绒鸭、白颊鸭、丑鸭和长尾鸭。

6. 硬尾鸭族（Oxyurini）：只包含很少的种类，即花脸硬尾鸭、棕硬尾鸭和澳大利亚麝香鸭。

粗略调查显示，鹅和天鹅属于鸟类（鸭科）系谱树的同一分支。经推定，鸭科鸟类的祖先中的一种便是生活在 1 亿至 1.2 亿年前的伽罗尼斯鸭，其遗骸就保存在法国白垩纪地层的最低处。科学家们仍然不能确定鸟类的祖先是在何时何地分化成不同种类的鸟和鸭子的。

8.鸭的历史和文化

早在苏美尔人时代，美索不达米亚的人们已经开始用鸭型秤砣来称重量。在那个时代，鸭子的形象经常出现在各种物品上，比如，在特佩高拉出土的黏土罐上就有一只鸭子，亚加底亚人的镜子上也装饰有"鸭珍珠"，以及"棕榈园里的鸭子"。

在南德墓群中，出土了一些罗得岛或伊特鲁里亚的挂钩，这些挂钩使用风格化的鸭子和鸭头形象。在当时的伊特鲁里亚，女人们使用鸭型小罐子来储存香膏。古希腊时代的鸭型油瓶至今仍保存完好。这些瓶瓶罐罐由赤陶烧制而成，鲜艳无比。在罗马时代，庞贝壁画、浮雕和马赛克镶砌画中都有鸭子的形象，这些作品仍保存完好。

尽管不能确定当时的古德国居民是否已经开始饲养鸭子，但是中国的古人们在那时已经开始养鸭。另外，在新世界，这种鸟类可算不上新鲜，因为在洪都拉斯秀上会经常举办鸭子赛跑比赛，据说，这种比赛起源于玛雅人的献祭仪式。

人们普遍相信鸭子可以预报天气，是一种经常与女巫一起出现的动物。鸭血和鸭蛋是当时的常用药品。在童话故事中，人们常常会读到有孵育金蛋的鸭子的故事。

据"美食之王"布里亚特·萨瓦林介绍说，大多数人更喜欢吃鸭肉，而不是鹅肉。好的烤鸭离不开细心的烹制和丰富的配菜。

Oh, Gods!
How many people it takes to satisfy a single stomach.
  Seneca

哦，天那！
为了满足一个人的胃口，到底需要多少人配合啊。
  塞内卡

Quibus, quabus, the ducks go bare-footed.
  (Children's Sermon, Wunderborn 1848)
"Quibus、quabus，是鸭子行走时的声音。"
  （《少儿布道》文德波尔 1848 年）

（鸭脚）

公元前 650 年，原科林斯风格鸭型油瓶。
收藏于柏林佩加蒙博物馆（赤土陶器）

埃及风格的象牙胭脂盒

39

几个世纪以来，欧绒鸭一直世界闻名。冰岛的古籍中早就对此有所提及。这些 12 世纪的古籍写到，猎人们和农夫约定不会猎杀欧绒鸭，但是农夫们需要用鸭绒给猎人作为报酬。

在冰岛，这种鸭子喜欢在单独的农场附近筑巢，因为这里相比狩猎场更安全，猎食动物更少。

由于农场在减少，鸭子失去了人类的保护，导致欧绒鸭绒的数量在下降。

要想获得最为上乘的鸭绒，需要在育种季之前收获。其他也有一部分顶级品质的欧绒鸭绒出产于格陵兰、挪威和俄罗斯北部。

在这些国家，欧绒鸭绒经收集后用于出口。其他北方地区的海鸟羽毛既无法出口，也不能在国内使用，因为这些羽毛有令人生厌的气味。

The Eider
欧绒鸭诗歌

Where the blue-gray fjord cuts deep into the coast,	蓝灰色峡湾深入海岸，
There the eider-duck builds up its nest.	鸭子便在这里筑巢。
Plucking the fluffy down from its own breast	啄下胸脯上的绒毛，
It builds it warm and comfortably in the rock.	在岩石上筑起温暖舒适的家。
But the fjord-fisher's heart has for pity no room.	峡湾渔民对此并不怜悯。
He plunders the nest ' til the last fluffy down.	他们掠夺了鸭巢，一毛不剩。
Yet the bird, full of life and defiant love,	这些强大勇敢充满爱心的鸟儿，
Anew plucks the down from its own breast.	接着从胸脯上啄毛筑巢，
And pillaged again, it still renews	却被再次掠夺。
Its nest up in a hidden hole.	鸭子又开始筑新巢，这次住进了隐蔽的洞穴。
But when fate strikes another time,	但是，厄运再度降临，
It raises high the bleeding breast —	它挺起渗血的胸腔，
And leaves the cold inhospitable land	离开了这片冰冷残酷的土地
To fly southward to more sunny strand.	飞向南方，飞向阳光明媚的远方。
Henrik Ibsen	亨里克·易卜生

一对欧绒鸭（最大的活鸭）
在地上筑巢，巢里铺满了当雌鸭产下最后一枚蛋时从胸前啄下来的灰棕色绒毛。

野鸭早晚出入的地方叫做鸭巢。狩猎这种鸭子通常是在看台上、船上或者当鸭子被水狗或者助猎者惊吓之后进行。

40

狩猎故事是人类口口相传最早的故事，就像狩猎的图片就是最早的艺术证据。射击野鸟的图片，例如野鸭和野鹅，令所有人印象深刻。

因为规模最大，德意志联邦共和国的狩猎比赛在为数不多的几个热衷于狩猎比赛的国家中影响力最大。

兔子、野鸡、鸭子和鹬鸰的供应很大程度上取决于每年的天气情况。

在文明国家，竞赛规则确定了狩猎季节和禁猎季节。规定狩猎季节是保护物种所必需的。例如，狩猎野鹅只能在 10 月 1 日到 1 月 15 日期间进行，狩猎野鸭只能在 8 月 1 日至 1 月 15 日期间进行。

例如，从 1968 年到 1969 年的狩猎季节，仅仅德国就猎杀了 307000 只野鸭。下萨克森州猎杀的野鸭数量最多，约有 114000 只。同期，德国共猎杀了 1700 只野鹅。射击比赛在市场上公开售票。

野鹅飞过

飞翔的野鹅

鸟儿们，祝你们能幸运地飞过！

猎人们会躲藏在有利地点等待野禽。在凌晨或是夜晚，猎人会带着一把短枪等待猎杀从觅食地飞到栖息地的鸟儿。

主要猎杀的野禽是从北方飞来栖息地过冬的豆雁。

11. 天鹅

天鹅也属于鸭科的大家庭。因天鹅不是群居动物，因而不能像鸭子或鹅一样被人为养殖。这真是太可惜了，因为一枚天鹅蛋可重达360克，而在没有特别喂养的情况下，雄天鹅可重达12千克。天鹅长有约25000根羽毛，其中20000根覆盖在头部和颈部。天鹅绒雪白且柔软。人们非常希望获得更多的天鹅绒。顺便一提，荷兰有一个小型的天鹅养殖场。在那里，每年会宰杀约2000至5000只天鹅。

纯白闪亮的天鹅羽毛一直是人类想象力的源泉。希腊人认为这种鸟中之王是阿波罗的象征。阿波罗是艺术之神，是缪斯女神的爱人。

天鹅也经常出现在德国童话故事和传说中。有天鹅化身的女武神和水仙女。七兄弟变成了天鹅，包括由格拉尔（Gral）派出来拯救被迫害的善良女仆的天鹅骑士罗恩格林。

与鹅一样，天鹅也是一夫一妻制的生活，但是并不如鹅那样严格。如果伴侣死亡，活下来的天鹅会立刻寻找另一个伴侣，但是，鹅就不会这样做，而是"孤独地守寡"。

趴在"妈妈船"的身上，这两只小天鹅舒服极了。为了不弄湿它们蓬松的羽毛，它们由妈妈驮着过河。当然过一会之后，另外两个"小家伙"也会靠上去。

12. 鸡的历史和文化

只有一种野鸡品种的啼鸣声和家鸡一样。与家鸡交配后，可以得到健康高产的杂交品种，其毛色鲜艳，即使被剥夺自由后也易于驯化。这种野鸡品种就是邦克瓦鸡。

邦克瓦鸡

这种鸡普遍分布于印度和马来亚的大多数国家。它们主要生活在僻静的丛林中。夜幕降临，野鸡会飞到大树上睡觉，越高越好。只有在它们啼叫时才会暴露它们的位置。在繁殖季，公鸡之间会发生猛烈的打斗。当然这些野鸡也会表现出家禽的一些生活习惯，例如，在沙浴时，母鸡咯咯的叫声；公鸡打鸣，在表达敬意或特别的喜好时会用爪子刨地。人们目前还不知道野生母鸡在下蛋时是否会像家养母鸡一样咯咯咯地叫。

大约 3000 多年前，至少伊朗古籍中是这样记载的，野鸡的驯养一次就成功了。但是直到公元前第一个千年的中期，这些鸡才被引入欧洲。起初，鸡被用于祭祀，但是很快便发掘了其他的用途。

在古罗马，鸡发挥了重要的预言作用，但是，已经有另外 7 种动物物种被作为主要食物。之后，鸡肉被推广至罗马各省，不久后就销往高卢、西班牙、日耳曼和英国。

事实上，最早可以追溯到公元 6 世纪，在《萨利克法典》中规定了对偷鸡做出的处罚。由此可见，德国人对鸡这个物种的重视。查理曼大帝勒令他的农民养鸡以促进农业发展，而且对此他乐此不疲。在中世纪，农业养鸡场发展蓬勃。

在众多鸡种中，只有部分品种饲养收入特别可观。其中，专门的蛋鸡品种无法育雏。所以，这项工作需要由孵化器完成。例如白来航鸡，其名称源于里窝那，或是安科纳（意大利港口城市）有斑驳羽毛的鸡，这种鸡与邦克瓦鸡的颜色接近。高品质的肉蛋兼用型鸡的经济价值很高，因为它们往往既适合肉食，也可以产蛋，例如怀恩多特鸡和罗德岛红鸡。此外，还有一些外观非常好看的鸡种，主要是为了展览之用。

在特殊条件下，鸡和鹅是可以杂交的，生出所谓的"鸡鹅"，它们在法兰克福动物园展出，分别在巴塞尔和荷兰繁殖。

但这些"鸡鹅"实际上属于鸭科。

图为斯特拉斯堡大教堂钟锤塔天文钟上的公鸡塑像。1450 年制作的第一座天文钟上的公鸡像原作在斯特拉斯堡罗汉城堡的艺术和工艺博物馆展出。它被认为是最古老的西方力学作品。

在德国，公鸡被称为"sänger"（歌手），哥特人称之为"hana"，拉丁人则称其为"canto"（我唱歌）。鸡的俄语是"petuch"，该词源于"pet"（去唱歌），公鸡在拉丁语中被称为高鲁斯（gallus），在俄语中被称为格鲁斯（gloos）（音译）。因为这个单词的发音与高卢（gauls）的发音类似，于是，他们把公鸡作为国家象征。

希腊人认为，公鸡的啼声可以对抗夜魔。公鸡的叫声听起来像 kok 或 kur，而各个国家都用公鸡的叫声来谐音公鸡的名字：英语 cock，法语 coq，俄语 kokot 或 kurica（母鸡），德语 gockel。

大约在公元前 1400 年，中国人就开始养鸡。公元前 3000 年的伊朗陶器中就发现了关于人工养鸡的证据。生活在意大利南部的希腊人先将鸡肉进口，然后又将其带到了罗马。罗马人奉鸡为预言家（先知），而且罗马人还养斗鸡。中欧最早关于饲养家鸡的记载来自斯武普察（波兰）、波斯尼亚、劳奇兹省和德国南部。这些记载最早可追溯到哈尔施塔特晚期和拉丁早期。因此通过这些史实也可以总结得出欧洲这些地区和希腊在当时就已经存在商业关系。在中世纪，伦巴第女王狄奥多林德的母鸡与七只小鸡的故事最为流传，女王掌握着蒙扎大教堂的财宝。在古代，人们认为公鸡是警惕的象征，是墨丘利、索尔和阿波罗的化身。人们把公鸡塑像放在屋顶上，希望可以保护房屋免受火灾。在当时，德国人把火称为"roter Hahn"（红色公鸡），因此从象征意义上来说，火是公鸡的敌人。

作为报时员，在老式钟表上经常可以看到公鸡。将公鸡与圣彼得放在一起，往往代表的是制表师。

以前，当农忙结束时，德国大部分地区的农民会举办宴会庆祝，宴会主菜以鸡肉为主。节日和宴会都是以鸡命名。其中有观赏鸡、杂草鸡、丰收鸡、收获鸡、复古鸡、打谷鸡。不仅如此，在圣灵降临周、教会集会和婚礼上，赛跑或抓鸡比赛（选手骑在马背上，刺中杆子顶上的木鸡）的奖品就是一只公鸡，通常人们还会跳公鸡舞。

The teacher speaks about the wonders of nature. "It is wonderful to see how the small chicks come out of the eggs." Whereupon little Charly replies: "Madam, I think it even more wonderful how they got into them."

老师感叹着大自然的神奇。"看到小鸡破壳而出的那一刻是多么美好。"小查理回答道："老师，小鸡是怎么钻进鸡蛋里的，我觉得这更加神奇。"

第三部分：羽毛的生产

东欧的一对农民夫妇，威利·施密特·利布特绘

46

主要生产国的鹅鸭养殖

波兰的鹅养殖。多年以来，个人养鹅已经非常普遍。

在波兰乡村，经常可以看到 15 至 20 只鹅的小鹅群。这是秋天的波兰农村当中最常见的景象。

1. 波兰

波兰的家禽养殖业，有 90% 是小型私营企业，规模在一英亩到几英亩不等。这样规模的农场数量达百万个以上，但是并非所有的农民都养鹅、养鸭。是否进行养殖取决于当地的自然条件是否有利于家禽养殖。

养鹅采用粗放的方式。农民主要在大型草场范围内养鹅。平均而言，每个农场养一到两群鹅，每群 50 只。

通常情况下，养 40 只鹅需要占地 250 英亩。但是，在不同的地区，这个数字可以在 10 至 140 只鹅之间浮动。在波兰北部地区，即比得哥什省、波美拉尼亚以及凯尔采和卢布林地区，养鹅的密度最大。

在育种季之后的夏天，鹅的总养殖量可达 8000000 只。

生产者和家禽厂之间签订合同，在一定程度上保证了秋天鹅的供应。这些合约都是在育种季之前签订的。此外，农业合作社也会在村里的鹅养殖户组织的家禽市场上采购鹅。待宰杀的鹅会提前三周在专门的育肥工厂被喂食燕麦。出于卫生考虑，饲养员会把鹅放在格栅中饲养。

养鸭也在很大程度上得到普及，并且很快占据家禽品种的首位。农民们养殖北京鸭作为肉用鸭。这种鸭子容易适应波兰的当地环境。

家禽厂为个体养殖户提供鸭苗和充足的饲料，而养殖户也需要为鸭群提供天然食物，如自家种植的谷物、青草和牛奶。这些额外饲料对肉质有显著影响。

养鸭一般采用粗放或半粗放方式。到 3 至 4 周龄时，幼鸭开始自己觅食。到 7 至 8 周龄，它们的体重可达 2.2 至 2.4 千克。然后，鸭子被运送至家禽市场，准备出口和销往国内市场。在兽医监督下，鸭子在分布于波兰全国的约三十个屠宰场中被宰杀。这些屠宰场属于 "家禽产业协会"，该协会的营业场所和注册地址位于华沙。

波兰养鹅都是露天散养，空气清新，阳光充足，草原食物健康绿色。草场牧草中含有丰富的矿物盐和维生素，这也是波兰鹅肉好吃的秘诀。每年秋天，农民会将成年鹅销售给育肥工厂。在所谓的 "育肥工厂" 中，成千上万的鹅汇聚于万里晴空之下，也别有一番风情。

2. 匈牙利

匈牙利的家禽养殖情况与波兰类似。从前，农夫会把家里吃不掉的家禽拿到市场上售卖。农妇靠卖羽毛挣钱，而农夫则靠卖鹅挣钱。

1870 年，匈牙利建成了第一所家禽工业加工厂。意识到获利丰厚，其他人也立刻加入其中，在"一战"前，已经有四五家工厂开始运作。直到今天仍然有 11 家现代化家禽工厂。下面几个数字将有助于了解这些工厂的效率：凯奇凯梅特（匈牙利中部城市 Kecskemét）的家禽加工厂每天宰杀 50000 只禽类动物，相当于 90 短吨禽肉。其中一半为鸡肉，还有蛋鸡肉、鸭肉、鹅肉、火鸡肉和珍珠鸡肉。

根据凯奇凯梅特的档案记录，早在 1720 年，工厂就开始生产蛋鸡肉、鹅肉、火鸡肉和鸭肉。一份来自 20 世纪初的文件上记录了保存鸡肉和蛋鸡肉的方法。1857 年的一份文件显示，凯奇凯梅特的育肥鹅肉被大量出口。1925 年，凯奇凯梅特在市场上销售的家禽 80% 都用于出口。匈牙利的家禽养殖业历史悠久，在第二次世界大战期间蒙受了巨大损失。但是它很快又恢复到了两次世界大战之间的水平。

亚诺斯·扬科（1833 ～ 1896 年）
《市场上的妇人》（匈牙利）

在匈牙利，养殖家禽的农夫可以在每只鹅身上平均获利：

鹅肉	6.00 美元	＝占鹅的 54%
鹅肝	2.10 美元	＝占鹅的 19%
数次拔毛	3.00 美元	＝占鹅的 27%
	11.10 美元	＝平均每只鹅的收益

平均每只鸭获利：

鸭肉	1.60 美元	＝占鸭的 84%
鸭毛	0.30 美元	＝占鸭的 16%
	1.90 美元	＝平均每只鸭的收益

If there is reason to praise first the farmer's wife and then the goose,
you surely made a good buy at the poultry market.

Saying from Banat.

在购买之前先找理由称赞一下农妇，再夸一夸肥美的鹅，那么您的这次买卖通常就不会吃亏。

巴纳特如是说。

拉霍斯·迪克·艾伯纳（Lajos DEAK EBNER）
（1850～1934年）
《家禽市场》
匈牙利国家美术馆

3. 法国

典型的法国市场场景

In 1772 Lichtenberg wrote to his wife Margarete, who was away from home: "Listen, something has happened to my bedcover. I guess Hartmann's wife has taken out the feathers and stuffed tuff stones into it. Birds with such feathers don't exist, not in the whole of Europe."

1772 年，利希滕贝格（Lichtenberg）写信给他离开家乡的妻子玛格丽特（Margarete）："听着，我的被子出了些问题。我猜哈特曼的妻子已经把羽毛拿走了，塞进去了不少石头。整个欧洲都没有长这种硬邦邦羽毛的鸟。"

法国家禽养殖有两个特点：种苗少，育种品质优。法国国王查尔斯八世可谓推广集中化养殖的典范。1496 年，国王带着一名意大利家禽饲养员来到了昂布瓦斯。此人将人工养殖技术引进法国，于是全法国都在养殖同一品种的鸡。法国家禽养殖业的另一个进步是孵化场的普及，每年可以孵化 30000 至 40000 只小鸡。

这样安排有利于明确分工，也是大规模生产不可或缺的。于是，法国成为了家禽出口大国。正如国王亨利四世在 1600 年承诺的一样，几个世纪以来，"每个人都能在星期天吃上一只鸡"，而在当时的德国，只有在重大的庆祝活动上才能吃到鸡肉。

在每个小镇和村庄，每周都会举办一次家禽集市，这也是法国的一大特色。钟声响起，开市了，在这之前是不允许交易的。一个小时后，几乎所有的商品都销售一空。

在小地方城镇，每周的收益能达到 60000 或 70000 法郎。通过下面这个具体的例子就可以说明这一点。

在 20 世纪，乌当（Houdan）小镇（现 2500 人）的农夫每年可售出：

160000 只瘦肉禽类
170000 只育肥禽类
180000 枚蛋

在市场上，大量的高品质家禽总能迅速销售一空，并且，法国凭借"poularde"（育肥母鸡）这样的特色产品迅速征服了世界市场。

伏尔泰（1694 - 1778 年）写过一则寓言，题为《阉公鸡与阉母鸡的对话》。这件世界文学的瑰宝，以其幽默诙谐的语句，让我们明白了阉公鸡与阉母鸡的区别：前者是阉割的公鸡，后者是绝育后的育肥母鸡。

事实上，每一种家禽的销售方式都是根据其收益能力来决定的。据比利牛斯的家禽饲养者提供的资料，1970 年市场上熟皮鹅（去皮含肝脏的鹅）的价格为 13 法郎每千克，包括肝脏。平均每只鹅重 9 千克。因此，每卖出一只，家禽贩能获得 100 至 120 法郎。熟皮鸭（去皮含肝脏的鸭）的价格为 14 法郎每千克。包括肝脏在内，一只鸭子重 5 千克。这样的话，农夫就能获得 70 法郎。

"Well, if the soup had been as warm as the wine,
And the wine as old as the goose,
And the goose as fat as the hostess,
Then everything would have been okay." *French saying*

"嗯，如果汤能像葡萄酒一样暖人，葡萄酒像鹅一样醇厚，鹅像女主人一样丰满，那么一切都会变得完美无缺。"

法国谚语

法国扩大鹅养殖规模是有利可图的。然而，鹅的销售价格应为 140 法郎，是鸭子的两倍。现如今，由于人们期待鸭肝能够至少像鹅肝一样优质美味，鸭肝品质因此很大程度上受到了影响。利用鸭肝混合机和捏合机生产的拼接鸭肝得以销售。

1972 年至 1973 年，鹅、鸭各部位售价占比：

	鹅	鸭
肉类	11.0%	14.0%
肝脏	82.0%	79.0%
羽毛*	7.0%	7.0%
	100.0%	100.0%

* 羽毛在浸湿后拔取，包括长羽毛

现如今由于对鸭、鹅肝的需求大，导致价格大幅上涨，因此家禽市场的整体价格基本以鸭、鹅肝为导向。

在 1607 年，斯特拉斯堡的约翰·卡罗拉斯（Johann Carolas）编辑了一本叫作《与圣马丁鹅相关的有趣诗歌》的小册子。

下面是其中的一首诗：

"Their feathers big and small
Are useful to every man.
They are used in the government office
In order to make good policy.
Good beds are made from them,
therefore the goose is highly esteemed
By men at any time.
When they (the Teutons) went to the Holy Land,
The goose was well known to them:
They had it painted on their banner
As ensign and special ornament.

The other feathers in common
Are left to the pious women,
Who, to their husbands at home,
Prepare a good, warm and soft featherbed.
The spinner-woman exactly tests
The goose's trachea for the best.
Before she dries it well
To make small ringlets of it
In order to toll her thread on it,
When she lacks something else."

南特鹅市

"大羽毛、小羽毛，
人人都需要。
羽毛用在政府办公室，
为了制定更好的政策。
好床品也是用羽毛制成的，
所以鹅是受人尊敬的。
他们（条顿人）前往圣地后，
也对鹅逐渐有了了解：
他们将鹅的画像涂在旗帜上，
作为徽章和特殊的装饰。

其他普通的鹅毛，
留给了虔诚的女人。
女人们在家中，
为她们的丈夫准备舒适、温暖、柔软的羽毛床垫。
纺纱的女人会进行测试，
留下品质最好的鹅气管。
她会在鹅气管干燥前，
编一个小环，
来帮助她穿针引线，
当她没有其他更好的工具时。"

4. 中国——养鸭大国

"Eating and drinking brings people together and helps them to thoroughly enjoy this life."

Erasmus von Rotterdam

"吃喝让人们聚在一起，帮助他们真正彻底地享受生活。"

鹿特丹的伊拉斯谟

中国之所以大规模养鸭，且鸭肉价格如此之低，是因为养鸭只需稍加护理，容易饲养。在中国这样的农业大国，鸭子几乎都是放养，自己在小河和池塘中觅食。

在中国各处的大小水域中，几乎都有鸭子的身影。在广州周边地区，中国建成了 70 千米的水坝。有 132 条灌溉水渠长达 130 千米。在房屋的前面，还建有私人花园和家禽养殖场，主要养鸡和鹅。

中国一直以来都是世界上最大的鸭生产国。鹅肉在中国不怎么受欢迎。中国餐馆几乎从来没有提供过鹅肉的菜肴。只有农民家庭才吃鹅。目前几乎找不到关于中国鸭鹅数量的统计数据。我想，每个到唐山旅游的游客都还记得街头小贩的叫卖声，每到晚上，街道上都是 "Au mei aap（鸭子！买鸭子！）" 的声音，卖的是烤鸭。在此要说明，在中国，鸭肉一直都不贵。因此，每到月底，商家和餐厅都会提供给手头紧的学徒工肥美的鸭肉作为晚餐。鸭腿则是最受欢迎的部分。由于中国餐馆只需要鸭胸肉，所以鸭腿在市场上售价特别便宜。餐厅厨师尽其所能，用蹩脚的英语谈了谈这道菜："要是这个月没钱花了，最好还是买些鸭腿吧，很便宜。"脆皮烤鸭是中国餐馆的一道特色菜，切成小长方形的脆鸭皮十分香脆美味，并且价格也十分实惠。

中国台湾岛上的主要鹅鸭品种，分别类似于汕头鹅和福州鸭。此外，还有一些本地的家禽品种。与欧洲品种相比，这些家禽看起来要小得多。但是，考虑到这些品种必须要适应多山的乡村环境，它们的生命力和适应能力还是非常强大的。

生产出来的羽毛通常会在乡镇中心被收集并且集中起来。在这里还没有真正形成鹅鸭养殖产业；但是，养鸡业却发展得越来越工

业化。鹅通常没有全身纯白色的羽毛；相反，通常都是白色羽毛当中混着黑色的羽毛。按照以前的方式即靠人工手挑来分拣羽毛，已经不再适合当前的时代，而且因为日渐高昂的劳动力成本，收益甚微。然而如果是用作装饰的羽毛，仍然会用手挑的方式处理。所有这些迹象都表明，羽毛和羽绒的生产量提高了，因此这个地区的供应商的地位也跟着水涨船高。

All love passes through the stomach,
As if it was a hurry-up stew.
But should someone dare
To transfer that into bed,
So, hop hop I'd not like it.

Carola Mohn

所有的爱通过胃来传递，
仿佛是一道炖菜快餐。
但如果有人敢把它变成床品，
那么，非我所爱。

卡罗拉·莫恩

从下图中不难看出，在中国丰富的江河水域中养鸭数量之大。有一些鸭子生活在半野生环境中。这样的画面不是偶然所见的，在中国，这样的场景随处可见。

54

5. 其他重要的生产国

In Slavonic countries people believed that the soul of a dying person lying on a pillow filled with guinea-fowl feathers could only leave the body after the pillow had been removed.

在斯拉夫国家，人们相信当将死之人躺在用珍珠鸡的羽毛填充的枕头上时，只有将枕头移走，他的灵魂才会离去。

其他主要的家禽养殖国家仍然分布在欧洲东南部，特别是在罗马尼亚和南斯拉夫。这里的养殖条件和家禽物种与波兰以及匈牙利十分相似。罗马尼亚的灰鹅，专门在普鲁特（Prut）河和德涅斯特（Dniester）河沿岸养殖。关于二战前的俄罗斯常见饲养鹅种目前尚无确切的统计资料，尽管那时俄罗斯的养殖业很有名。

《农舍小屋前》油画
威利·施密特·利布绘
收藏于伍兹堡市美术馆

There was a Bankiva hen, who has had her nest of eggs stolen while an old gipsy hen foretold her the future from the claw. Now she wandered about in a sad mood. Suddenly she saw a golf ball. She hastily built a rude nest of dry grass and leaves under a bamboo bush. She sat down for brooding and, after 65 days, she died.
Moral: Who expects things to happen that can never happen is a fool or an idiot. (George Eliot, 1819–1880)

曾经，有一只邦克瓦母鸡，它没有听一只吉普赛老母鸡的预言，结果自己的一窝鸡蛋被偷了。心情郁闷的它来回徘徊。突然，它看到了一个高尔夫球。于是，它匆忙地用干草、树叶在竹林中搭了一个简单的窝。随后它开始孵蛋，65 天后，它死了。
寓意：对永远不会发生的事情存有幻想的人都是傻瓜或笨蛋（乔治·艾略特，1819 ~ 1880 年）。

《鹅》，日本画家斋俊（Saitoshi）
用寥寥几笔绘成

在东南亚的各个生产国，其养殖条件和养殖家禽品种几乎与中国一致。

在亚洲大陆南部，泰国养殖的鸭子品种是三种英国鸭的杂交后代：卡其坎贝尔鸭，白色坎贝尔鸭和黑色坎贝尔鸭。这种鸭子比越南和新加坡的鸭子更小、更轻，其重量只有约 2 千克。到两个半月时，这些鸭子必须去收割后的稻田觅食。之后会被送到农场集中喂食。

在周边的城镇中，还有规模更大的养鸭农场。这些养殖厂每年生产 3000000 至 4000000 只鸭子。

越南和新加坡的人们对鸭肉的需求比泰国大得多。在这些国家，养殖鸭子也是比较受欢迎的。

在西欧，更确切地说是在荷兰，自战后，养鸭的重要性和意大利一样大幅下降。

La Cuoca（《厨师》），油画，别·斯特劳兹（B.Strozzi）绘（1581 ~ 1644 年），收藏于热那亚罗索宫

在新世界，只有美国人掌握了系统养殖家禽的方法，而且仅仅是在长岛和中西部（西部养鸭）这些孤立的地区。在这两个地区饲养的均为白鸭。鹅养殖不怎么受重视，仅在新墨西哥州（养白鹅）以及南达科他州和蒙大拿州（养灰鹅），且大都为小农场企业。

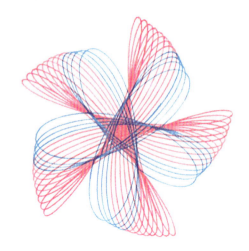

在以色列，鹅养殖业已经发展了好几年。目前，其总养殖规模已经达到200000到250000只。养鹅的主要目的是生产鹅肝。由于气候干燥、炎热，其鹅毛的品质一般。有趣的是，在以色列的鹅养殖中，雌鹅一年有多次产蛋期。以色列鹅的育种率因此倍增。

洛杉矶的一家货运公司从来不担心失窃问题。该公司养了一群警惕性很高的鹅，它们吵闹的叫声让盗贼敬而远之。早在古代，就有人用这些羽毛动物当作防盗报警器（路透社）。

纽约地平线

北美农场一角

59

6. 德国：消费者规模庞大，但生产者规模较小

野鸡、家鸡

公元 1 世纪罗马作家们讲述条顿人提供了大量的鹅。随着时间的推移，德国各地的鹅应该会产生差异，但是实际并未发生很大改变。

自 19 世纪中叶以来，德国鹅养殖一直有重要意义，特别是在波美拉尼亚和梅克伦堡。在奥德河和瓦特河周边的沼泽地区，农夫从波兰引进了大量的瘦鹅种，并进行饲养。据说在 1928 年至 1930 年间，这些地区每年育肥大约有 2000000 只鹅。

一直到第二次世界大战结束，德国人的认知范围仅限于"农鹅"和进口家禽。直到后来才有了系统育种。其他国家的饲养发展情况也是如此。

在 1924 年，东普鲁士的养鸡户采用了法国的原则，即逐渐减少饲养的家禽品种数量。

这个原则是提高家禽培育效率的必要条件。这种生产方式只能在纯种家禽当中进行。在一个地区或社区，对某一品种进行大规模生产时，需要对育种者、饲养员、孵化场和育肥工厂之间进行明确分工。

之后，波美拉尼亚或梅克伦堡的许多农民养几只鹅，为的是女儿出嫁时有足够的羽毛做嫁妆。女儿结婚后，饲养家禽的数量就更少了。

由于市场对鹅肉的需求仍然很大，所以，鹅肉进口方面肯定需要资金的补偿。在第一次世界大战之前，进口家禽年花费约为 40000000 或 50000000 德国马克。直到 1940 年，也就是第二次世界大战的第一年，还有一百多万只鹅得从其他国家进口到德国。

目前，下萨克森州（25%）、巴伐利亚州（30%）和石勒苏益格 - 荷尔斯泰因州设有鹅养殖中心。

1972 年，西德的人均食用鹅肉总量为 0.4 千克，占家禽消费总量的 5%。每个德国人每年会消费 8.8 千克的家禽。

自公元 9 世纪起，"驯化的"鸭变得越来越重要。时至今日，鸭养殖的规模在德国仍然相当可观。自 1930 年以来，鸭的商业化养殖主要在德国北部得到发展。下萨克森州供应大约 50% 的鸭肉，由于是小规模农场企业养殖，所以其库存量仍然较小。养鸡业在德国的经济当中占有相当重要的地位。鹅、鸭和火鸡的养殖体量排在后面，跟鸡相比，差距相当大。除此以外的其他家禽种类都无需提及。以下数据显示了第二次世界大战前的家禽存栏体量情况：

1913 年	64 鸡	5.8 鸭	2.1 鹅（单位：百万只）
1932 年	84 鸡	5.8 鸭	3.5 鹅（单位：百万只）
1937 年	85 鸡	5.4 鸭	2.4 鹅（单位：百万只）

1932 年，这些家禽的总价值估计为 292000000 德国马克。
这里引用了其他农作物或工业产品的价值作为对比：
甜菜 250000000 德国马克，土豆 250000000 德国马克，黑麦作物 1000000000 德国马克，煤炭和褐煤 620000000 德国马克。

野鹅、家鹅

为了展示第二次世界大战后西德的家禽养殖体量情况，提供以下数据：

西德（萨尔州和柏林除外）的家禽体量（单位：千只）

年份	鹅	鸭	鸡	火鸡、矮脚鸡和珍珠鸡	所有家禽
1948	2178	505	25182	366	28231
1950	2419	902	48064	416	51801
1955	2039	1356	52302	343	56040
1960	1629	1751	60034	568	63773
1965	908	1666	82295	376	85245
1968	627	1657	89105	477	91866
1970	491	1610	98601	844	101545
1971	414	1469	99530	768	102181

权威机构：德国联邦统计局

一只母鸡可以下 223 枚蛋！
西德的母鸡创下了产蛋记录。去年，西德的每只母鸡平均生产 223 枚鸡蛋（1965 年每只平均只能生产 189 枚）。原因在于更好的饲料和新品种。在 1971 年，共 6000 万只母鸡产下了约 15000000000 枚蛋。

Feather and Humor:
A tiny feather flew across the country;
A hippopotamus dozed in the sand.
The feather said: "I'm going to wake it."
It liked to tease the others.

On the hippopotamus it settled down
And caressed its thick leathery skin.
The hippopotamus opened wide its mouth
And laughed and laughed.

Joachim Ringelnatz

羽毛与幽默：一片小羽毛飞越全国，看到一只河马在沙滩上打瞌睡。这片小羽毛说："我要去唤醒它。"这片小羽毛喜欢捉弄别人。
它落在这只河马身上，轻轻地抚摸着河马厚而坚韧的皮肤。河马张开大口，哈哈大笑起来。

约阿希姆·林格纳兹

德国鹅鸭进口表

年份	鹅		鸭		其他家禽	
	存栏鹅	出栏鹅	存栏鸭	出栏鸭	存栏家禽	出栏家禽
1900	6220055 只				2439 吨	5158 吨
1904	6719972 只				2805 吨	6539 吨
1912	8606622 只		2201 吨			9067 吨
1928	2168627 只		760 吨			17087 吨
1936	1026767 只		217 吨			20683 吨
1950				1303 只		7379 吨
1955	62756 只			724 只		28319 吨
1960	62756 只	13760 吨	45 吨	12460 吨		
1966	2580 只	10068 吨	—	9593 吨		
1970	—	12990 吨	—	12583 吨		

在弗莱堡（德国），有一座公鸭的纪念碑，据说这只鸭子在上一次的战争中向人群预警了一次炸弹袭击。

西奥多·方丹《我的童年》（关于 1829 年的描述）："一切都从杀鹅开始。一个普通的家庭如果没有杀过鹅，这是没法想象的。很多事情仍然有待解答，首先是用来填充客房新床品的羽毛（在斯威诺吉茨）……"

第四部分：羽毛

《自然研究》
水彩画
威利·施密特·利布绘

羽毛——大自然的产物

Westphalian proverb:
"You are on vacation straw mattress, I've got myself a feather bed."

威斯特伐利亚谚语：
"您在草床垫上度假，而我却为自己准备了羽毛床垫。"

1. 羽毛的生产

羽毛和羽绒的获得，可以等家禽死后进行整体拔毛，部分采用活拔，极少数情况下在家禽的褪毛期拔毛。

在宰杀家禽后将其浸泡在热水中几秒钟，就可以开始拔毛了。羽毛更容易从温暖的身体中被拔出来。拔毛应该按照以下顺序：飞行羽毛、尾巴上的羽毛、胸部羽毛、背部羽毛、大腿羽毛、颈部和翅膀上的羽毛。最后，去除小羽毛和羽轴。

活鹅拔毛自古以来就是非常常见的。只要羽毛"成熟"，即无血，并且在皮肤上松动，就可以拔了。

为了获得真正一流品质的羽毛，就有必要详细地了解拔毛的技术。拔取羽毛有严格的规则，必须按照程序准确进行。在活体拔毛时，从家禽胸部开始，都应通过抓取法采摘胸腹部的羽毛。但是，羽绒并不能像羽毛那样被全部拔完。拔毛是一个细心的"瘦身"过程。活体拔毛后可能会露出亮闪闪的鹅皮，但是一定不能拔完所有羽毛。

附带一提，从前，生活在德国沼泽地区域的牧羊人，除了养羊之外，还会养 400 至 600 只鹅。在冬季拔毛时，鹅群会聚集在羊圈中，由专门的女工拔毛。这些女工们在牧场之间来回奔波。

鹅毛

a）拔毛方法

每年可以拔毛 2 到 4 次。然而，具体拔几次还要取决于当年的天气条件。有一点要注意：拔毛人必须等到羽毛达到一定的成熟度时，才可以进行拔毛。一般来说，幼鹅的羽毛在 12 至 14 周之间第一次成熟。六七周后，羽毛再次发育。需要在不晚于育肥前 4 周时，进行最后一次拔毛，否则就难以进行育肥。

工业化的拔毛通常是通过育肥工厂里的拔毛设备进行的。在机器拔毛前，需要人工去除尾翼和翼羽。羽茎末端既不能潮湿也不能渗血。这是非常重要的要求，因为相较于成熟的羽毛，这样的羽毛不适合作为床品填充物。

鸭毛

马克斯·利伯曼（1871/1872 年）
《拔鹅毛的妇女》
柏林新国家美术馆收藏，油画画布 119.5 厘米 × 170.5 厘米

b）羽毛在农场的加工

For everybody knows quite well, that the feather keeps warm.

For everybody knows quite well, that the feather keeps warm.

Wilhelm Busch

众所周知，羽毛的保暖性良好。

威廉·布希

经过拔毛后，原毛被送到现代加工厂进行加工。从前，农民也会烘干和清洁自己不需要的羽毛。把羽毛装进袋子里，到夏天时，露天挂在室外；到冬季，当家里烤完面包后，再把羽毛放到尚有余温的烤箱里。然后将装满羽毛的袋子挂在墙壁上或放在壁橱的顶上，避免老鼠的侵扰。在夏天，农妇还要驱赶落在羽毛上的飞蛾。羽毛的清洁很简单。把羽毛扔进一个大水桶中，用木勺搅拌。在加热的水桶里，羽毛上的泥垢沉入水桶底部。在收获羽毛后应立即清洗脏羽毛。把这些羽毛放在一个轻质罩子里，不断地用温肥皂水冲洗，直到没有污水从罩子中流出。在反复冲洗后，把罩子甩干，晾在通风状况良好的地方。

卧室不仅仅是一个人睡觉的房间，而且还是放床的房间。为了保护羽毛免受飞蛾侵扰，有经验的农民会在装羽毛的袋子里放一些松木或茴香。

最后，农妇享受到了成果。她的床上都是各种上乘羽毛制品，而且羽毛也能卖个好价钱。

《老农夫的妻子》（东欧），水彩画，
威利·施密特·利布绘

在所有的家禽羽毛中，鹅的羽毛最具弹性。羽绒在羽毛中的价格最高。鸭毛的品质与鹅毛的品质比较接近，当然鸭绒也是一样。在德国、奥地利和瑞士等传统羽毛消费国家，鸡毛或火鸡羽毛很少用于床上用品。然而在北欧国家，对鸡毛或火鸡羽毛的需求较大。

在禽类脱毛前活拔所得的羽毛质量最为上乘。在脱毛期间，禽类的羽毛质量稍差。最后是家养禽类，育肥甚至是"强制喂食"禽类的羽毛。

东欧地区至今还保留着羽轴脱毛的习惯。

66

c）羽轴脱毛

"Der Rosenkavalier," act II :
"Sir Medicus, go on ahead,
Prepare a bed of nothing else but feather beds."
《玫瑰骑士》第二幕：*"梅迪库斯爵士，去吧，*
再准备一张床，除了羽毛床垫以外什么都不要。"

除了前文提到的简单的处理方法之外，现在仍然存在羽轴脱毛的处理方法。这项工作是手工完成的。羽轴两侧的羽毛片用手一拉就能撕扯下来。这两片羽片不会走形，因为细长的羽茎（用来固定羽枝）从羽轴表面与羽片一起脱落。

在漫长的冬夜，年轻的村民来到纺纱室，不但进行纺纱，也要进行羽轴脱毛。这种场景在西里西亚、图林根、萨克森、匈牙利和波兰等国家和地区尤为普遍。就像纺织轮被历史遗忘一样，现在的人们已经几乎忘记了羽轴脱毛工作。如今的脱毛工作都是由现代机械完成的，不再在纺纱房里了。然而在有些国家，除了机器羽轴脱毛外，仍然存在手工羽轴脱毛。

由于拔下来的羽毛通常会带着一小撮皮或者肉，所以需要人工羽轴脱毛，避免日后发霉或吸引来害虫。因此，人们想到把羽轴和附着的杂质一并清除。

这也有另外一层原因。从前，手工织的被壳面料太粗糙，粗羽会钻出来，而且，人们还希望去掉羽轴，让枕头能更轻更软。但是，他们没有想到，这样的话，羽毛就丧失了最核心的优点——弹性。用不了多久，羽毛就塌陷了，互相贴在一起，羽毛间没有了不可或缺的空气层，也就无法保暖。

当今已经没有羽轴脱毛的必要了，或者是去掉羽轴的羽毛比普通品质的羽毛要好的说法了。通过工业加工，可以清除所有的杂质。较大的毛片和较厚的羽轴会一并清除。机械织出来的褥套布料也绝对能避免钻毛。

《羽轴脱毛》
扬·斯坦尼斯劳斯基（19世纪）绘
克拉科夫国家博物馆收藏

2. 羽毛生产资质

The car driver ran over a duck. He goes to the next farm and asks the farmer's wife: Is that yours? No, is the answer, we don't have such flat ducks here.
一名司机开车不小心碾死了一只鸭。他跑去旁边的农场，问农妇：这是您家的鸭子吗？答曰：不是，我们这没有这么扁的鸭。

a）鹅毛和鸭毛

单只家禽的产羽量就是从这只家禽身上所拔下的羽毛总量。

水禽诸如鹅、鸭、天鹅和类似禽类的羽毛产量通常称为"水禽类羽毛产量"。

陆禽诸如鸡、火鸡、珍珠鸡、孔雀和类似禽类的羽毛产量通常称作"陆禽类羽毛产量"。

野鹅、野鸭、天鹅、雉鸡、鸽子、孔雀和类似禽类的新拔羽毛难以收集，数量稀少。这些羽毛属于"其他禽类的羽毛产量"。

鹅、鸭的种类、品种和重量不同，所产羽毛的数量也各不相同。

波美拉尼亚鹅、鸭和蛋鸡羽毛的平均产量数据。
各类羽毛的总量占比：

	鹅	鸭	蛋鸡
1.填充用羽毛			
体羽毛	35.0		
小翼羽毛	5.5	52.0	82.5
侧羽毛	2.5		
颈羽毛	4.0		
总计	47.0	52.0	82.5
2.体羽绒	21.0	20.5	—
翼羽绒	1.5		
总计	22.5	20.5	—
3.不适合填充用的羽毛			
翼羽毛	27.5	27.5	17.5
尾羽毛	3.0		
总计	30.5	27.5	17.5
4.羽毛总产量	100	100	100

阿尔弗雷德·西斯利（1839 年巴黎——1899 年莫雷）
《鹅》蜡笔画
收藏于：Majonszky — Kunst Museum 1935-2786. —
Bibl. E. Hoffmann:
"A Majovszky yüjitemény"（Die Majovszky-Sammlung）
— Europa 1943 — Seite 152 —

A.D.Kiwschenko 绘
《分拣羽毛》
俄罗斯列宁格勒国家博物馆收藏

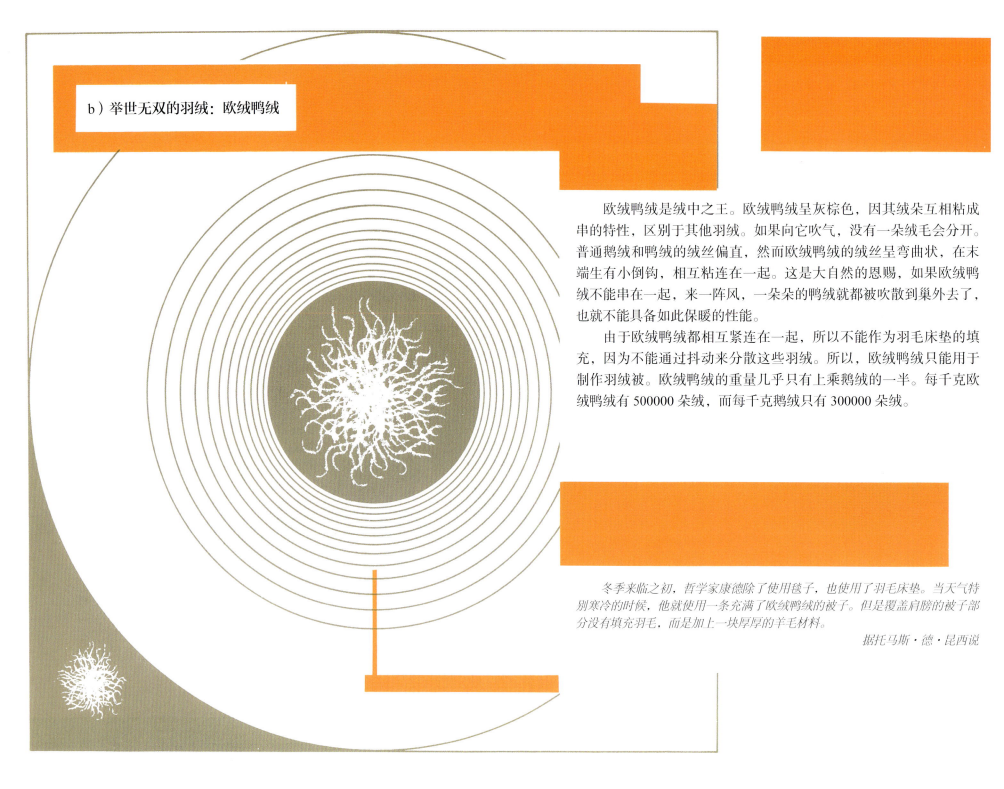

b）举世无双的羽绒：欧绒鸭绒

欧绒鸭绒是绒中之王。欧绒鸭绒呈灰棕色，因其绒朵互相粘成串的特性，区别于其他羽绒。如果向它吹气，没有一朵绒毛会分开。普通鹅绒和鸭绒的绒丝偏直，然而欧绒鸭绒的绒丝呈弯曲状，在末端生有小倒钩，相互粘连在一起。这是大自然的恩赐，如果欧绒鸭绒不能串在一起，来一阵风，一朵朵的鸭绒就都被吹散到巢外去了，也就不能具备如此保暖的性能。

由于欧绒鸭绒都相互紧连在一起，所以不能作为羽毛床垫的填充，因为不能通过抖动来分散这些羽绒。所以，欧绒鸭绒只能用于制作羽绒被。欧绒鸭绒的重量几乎只有上乘鹅绒的一半。每千克欧绒鸭绒有 500000 朵绒，而每千克鹅绒只有 300000 朵绒。

冬季来临之初，哲学家康德除了使用毯子，也使用了羽毛床垫。当天气特别寒冷的时候，他就使用一条充满了欧绒鸭绒的被子。但是覆盖肩膀的被子部分没有填充羽毛，而是加上一块厚厚的羊毛材料。

据托马斯·德·昆西说

配种公鸳鸯

天鹅、野鹅、野鸭、珍珠鸡、孔雀、野鸡、山公鸡、雄松鸡和鸽子的羽毛可以作为工业用羽毛，尤其是作装饰性羽毛。一只成年的天鹅平均可以产出大约 500 克羽毛，一只野鹅可以产出 175 至 240 克羽毛。

根据不同的品种、大小和重量，野鸭可以产出 25 至 100 克羽毛。

不同于家鸭，野鸭的羽毛更粗糙，富含油脂更多。野鸭的正羽较小。野鸭毛的使用方法与家鸭相同。羽绒在正羽之下，作为鸭皮的内衬。腹部和胸部的羽绒最浓密。侧边羽毛稍薄，头部和颈部的羽毛很少。

白羽、半白羽和灰羽的区分，分别取决于白色羽毛中半白色和灰色羽毛的比例。当半白羽和灰羽的占比为 2% ~ 20% 时，羽毛被称为半白羽；占比超过 20%，则叫作灰羽。原则上，新收集羽毛的颜色取决于半白色和灰色羽毛所占的比例（去除羽绒之后）。然而，一批羽毛最终的颜色确定，还是会将羽绒的颜色计算在内，而且根据经验，羽绒的颜色对于羽毛整体颜色的影响较大。

"Napoleon has slept in that bed already."
"Then I'd kindly ask you to change the linen."

"拿破仑曾经在那床上睡过。"
"那么我恳请您将床单换一下。"

c）颜色价值、禽类羽毛和旧羽毛

旧羽毛（couchées）蓬松度不足，难以作为填充料。这些羽毛攒集在一起，泛黄，可能会沾染人的体味。

长时间使用后，旧羽毛的弹性和蓬松状态几乎完全消失。旧羽毛的使用时间长短决定了其经济价值和价格。

秋沙鸭

头顶上的羽毛上下摆动。许多雄鸟生有艳丽的羽毛，通过特殊的动作或伸展羽毛来吸引关注。

麝香鸭，白羽家鸭

另一种家鸭（绿头鸭培育而来）

绿头鸭

夏天羽毛发育完全的公鸭

"动物和人类没有多少不同。"

看到这句话，有人可能笑了，但是，正是这种矛盾心态使得人类与动物之间的关系复杂化。人们经常走向两种极端：真正地利用动物和对动物夸张的爱。

人的某些情感的反应是非常特别的。我们的孩子只有在想到 Flipper, Lassie, Fury（这些是动物名字）时，才能想到动物也具有人的品质和情感。我们对鸡生活在笼子里的单调的一生十分遗憾，直到它们变成美味的烤鸡。有时候，我们忘记了我们对动物的爱，嘲笑在公园里对着池塘里的鸭子诉说不幸的佝偻老妇人和给自己的宠物狗喂食的人。

另一方面，如果看到一只筋疲力尽的金丝雀落在树上，我们就会给消防队打电话。事实上，人们在动物保护协会上花的钱甚至要高于在儿童保护联盟上的投入。

这样的例子有很多，这样的矛盾也有很多。

对于这个社会来说，最自然也最应该出现的情景是：每个动物都能有适合的容身之所，每个人都能幸福地生活下去。

一个人可以给予他所喜欢的动物最大的赞美是：它真是太通人性了！这样的赞美其实是有争议的，如果动物们能理解其含义，许多动物不会喜欢这样的称赞。从另一方面来说，人类和动物都不能否认他们之间的"关系"。他们共同生活了数百万年。究竟是共同生活的周围环境影响了他们，还是说这只是偶然的，仅仅是表面的相似？

人们越来越喜欢吃家禽肉。其味道好，而且营养价值高。在美国，每年需宰杀约3000000000只肉鸡。德国人每年吃掉约150000000只鸡。从1962年至1972年，仅西德的家禽消费量就增加了58%。

以前的农场养鹅、养鸡或养鸭规模太小了，明显不能满足当今的需求。饲养者必须开发新的培育方法。他们的座右铭是：短时间、低成本、高产量。

消费者对于这种速成鸡不买账，因为能尝出人工加工的味道。饲养者现在不得不注意保留原汁原味和营养价值。

为了加快家禽生长，必须改变喂养方式，并且要限制家禽的活动空间。所以家禽不再被允许自行觅食。甚至鹅都不再经过传统的育肥阶段，而是直接被填食。填食是一种特殊的强制育肥过程，在传统育肥的收尾阶段，对鹅进行填饲，这样可以明显地增大鹅肝，增加鹅脂。但是，德国和其他一些国家在一段时期内禁用了这种方法。

顺便说一下，过去几十年来，"育肥"一词的意思发生了变化。以前，人们育肥鹅是为了获得更多的鹅脂。今天则恰恰相反，集中饲养幼鹅，人们是为了让鹅多长瘦肉，减少脂肪。

除了越来越多经济指向型的生产，现在仍然有培育一些羽毛鲜艳的家禽品种，例如"小麦色马来鸡"或"矮人帕多瓦鸡"（没有鸡冠，生有一簇羽毛的家禽）和"卷毛鸽"。

在某种程度上，翡翠鸡也属于这一种群。这种机灵的鸡生活在哥伦比亚。哥伦比亚国家翡翠矿丰富，但是被政府所垄断。虽然其开采受到严格的控制，但是，有些"聪明人"会利用鸡来达成目的。大地上的财富诱使人们去追逐这一利益：翡翠珍宝。

人们想到用大量闲逛的鸡来解决这个问题。当这些鸡被宰杀以后，人们经常能在鸡的嗉囊里发现小的翡翠，这些翡翠都是鸡曾经从土里啄出来的。很快，警方就了解了这种小把戏。现在，除非有政府官员在场，否则所有的鸡都不得被抓捕和宰杀。

现在回到家禽饲养的话题上。当养殖厂和育肥厂饲养了如此之多的禽类时，它们面临被流行性疾病摧毁的风险也变得更高，而且这通常是持续性的风险。化学行业和制药行业的研究工作为饲养者提供了帮助。为了避免疾病和流行病，全覆盖的疫苗接种计划得以实施。在大多数情况下是给家禽的饮用水中加入特殊的疫苗制剂。将药物，尤其是抗生素掺入饲料中，也被证明能取得很好的效果。当加入药物后，鸡的产蛋量更多，鸭鹅增重更快。未来的目标将是：以相同数量的饲料，每年每只母鸡收获350枚鸡蛋，而不是今天的250枚。

Two geese furtively slipped through a fence. When roaming about they finally came to the Zoo. Walking up and down they suddenly found an egg of an ostrich. Being interested they approached it and one of the geese excitedly cackled: That gander, I'd like to get to know him…

两只鹅偷偷地穿过篱笆。跋山涉水，它们终于来到了动物园。逛着逛着，它们突然看到了一枚鸵鸟蛋。好奇之下，它们慢慢靠近，其中一只母鹅兴奋地喊着：那只公鹅，我要认识它……

兽医学如今非常重要。单靠这门科学就可以保证明天人们的营养。

在大多数国家，所有屠宰的动物都是兽医监查的对象，统计数据也基于此。例如，位于华盛顿的美国农业部在 1972 年记录了以下数据：

鸡	2962165000 只
火鸡	11744000 只
鸭	11030000 只
其他家禽	9526000 磅

"其他家禽"一词主要包括统计数据中未提及的鹅。此外，家禽不会在肉类加工厂屠宰，而是在农场就屠宰了，例如芝加哥，因此价格也未作记录。

著名菜肴"德式填鹅"的菜谱：取一只肥肥的幼鹅。将750克王后苹果去皮和去核，切片，并与洋葱碎一起在鹅油中炒香。将750克甜栗子去皮后加入一起炒。肝脏、肺、心脏和胃细细切碎，加入炒锅后用小火慢炖。面包浸入牛奶中，慢慢地加入栗子搅拌。然后，在鹅上撒盐、胡椒，填入馅料，进行捆扎，在鹅的表面撒上培根条，放入烤箱（每500克烤15分钟）。

萨瓦林

74

b）文明人都是好厨子

真正的美食专家，对食材精挑细选，把饮食视为重中之重。很多名人也是这样说的。"告诉我您吃什么，我就能告诉您，您是什么样的人"（让•布里亚特•萨瓦林，1825）。"L'appétit vient en mangeant"（食欲从食物开始）（弗朗索瓦•拉伯雷）。"爱吃才是最真诚的爱"（乔治•萧伯纳）。英格兰国王乔治四世曾经对他的名厨卡雷姆说："亲爱的卡雷姆，这样不行。您做的每一餐都非常美味，所以我吃得太多了，我相信我很快就会吃成一个大胖子。""陛下"，厨师冷静地回答，"我的职责是刺激您的食欲，而您的职责是控制您的食欲。"

许多人认为，好厨师是艺术家和哲学家的完美结合，甚至是唯一的完美结合。英国作家和社会改革家约翰•罗斯金（1819～1900年）对烹饪艺术下了一个有趣的定义。烹饪即是熟练地掌握美狄亚、瑟茜、卡吕普索和示巴女王的所有魔力。这意味着好的厨师需要对香草、水果、气味、香料和其他能使葡萄酒和肉类变得美味的所有调味料了如指掌。烹饪代表着做事谨慎、善于创新、心地善良和以正确方式待人的意愿。这就好比是您祖母的勤俭节约、现代化学的知识、法国的艺术爱好和阿拉伯人的热情待客。

烹饪实际上意味着：您必须照顾好每个人，让每个人都能吃上好东西，例如，烤鹅或烤鸭——需要按照崇高的烹饪艺术要求准备菜肴。

来自荷兰的北京鸭是年龄较小的育肥鸭，8周龄时已经达到1.8千克以上。北京烤鸭，肉质特别嫩滑，喷香可口。

c）膳食时间和休息时间——食欲和羽毛

语言是人类表达自我特性的方式。相较于划分语言时代和发现不同语言之间的差异，更重要的是发现这些时代的共同点，以及语言的本质。在历史发展进程中，正字法、词汇以及词之间的关系并未改变多少。字母和发音仅仅发生了数量增减的变化。但是，所有这些变化都没有真正地影响词汇的本质和句子的结构。我们仍然讲着"前人的语言"。但是，语源学是比较有意思的值得研究的一个方面。语言是如何变化的呢？例如"羽毛"这个词？

尽管看起来不可思议，但事实就是这样。从语源学的角度来看，"食欲"和"羽毛"之间存在联系。"appetite"（食欲）一词，意思是渴望、饥饿和风味，这个词源于 15 世纪的拉丁语"appetitus"（欲望、愿望），是从拉丁单词"petere"（需求、欲望）复合而成的，其语源与德语单词"Feder"有关联。

羽毛一词，在中高地古德语中是 veder（e），在高地古德语中是 federa，荷兰语 veder，英语 feather，瑞典语 fjäder，在印欧语系中，这个单词与其他相关词汇都派生自印欧语系，词根是"pet"（坠落、潜水、飞行）。对应到希腊语：pteron（羽毛、翅膀），petesthai（飞行），以及 piptein（坠落）。

后来，在 17 世纪，拉丁语"penna"（羽毛）及其派生词中世纪拉丁文字单词"pennale"（钢笔盒子）开始出现在日常用语当中，常用后者来讽刺大学新生（那些总是把笔筒带在身上的人）。然后，这个词传播到 19 世纪，逐渐变成学生用语。从那时起，这个单词便成为了中学生之间常用的绰号。

德语单词"Penne"指的是一个人学习如何使用钢笔的地方。人们用什么工具写字？在中世纪，人们用大鸟羽毛的羽茎写字。到了 16 世纪，金属钢笔尖得以发明，但是，到 19 世纪才普遍使用，也就是"钢笔"。钢笔的法语是"la plume métallique"，意大利语"il pennino"。

德国俚语"pennen"（睡觉）可能源于犹太语"pannai"（懒惰），然后在声音和意思上与该词发生紧密联系。

从"pennen"（睡觉）到与其联系的"appetite"，然后到"feather"，这三个词之间确实存在一定的关联。这几个词的印欧语词根都是"pet"，拉丁语"penna"（羽毛）的词根也是"pet"。

d）鸭鹅名词的起源

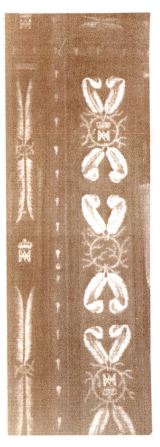

许多印度日耳曼语言描述了相应的日耳曼鸟类的名字，其中有由古高地德语单词"enita"演化而来的中古高地德语单词"ente"（鸭子），还有由古高地德语单词"anut"演化而来的中古高地德语和中古低地德语单词"ant"，在古英语中相应的单词是"ened"，瑞典语中相应的是"and"。举例来说，拉丁语中的"anas"（鸭子）与立陶宛语中的"antis"有着密切的联系。这一印度日耳曼语词根最初的意思是野鸭。

在日耳曼语中，"ente"也特指"虚构的报纸报道"，这一含义直到1850年以后才出现，因为它是模仿"canard"，一个与之有着相同意义的法语单词。"blaue Ente"一词在16世纪时已经出现，意思是谎言。"kalte Ente"一词在19世纪出现在北部德语中，意思是美味的混合饮料。单词"gans"（鹅）在中古高地德语和古高地德语中是"gans"。这一个单词与中古低地德语中的"gos"、荷兰语中的"gans"、英语中的"goose"和瑞典语中的"gas"都可以追溯到印度日耳曼语的词根"ghans"，这一单词的含义是野鹅。在古印第安语中，鹅一词是"hamsá-h"（鹅，天鹅），希腊语中是"chén"，拉丁语中是"hanser"（鹅）。印度日耳曼语中的词根属于模仿打呵欠声音"ghan-"的一组单词。那么在古罗马语中呢？

鹅：ganso（西班牙语）	鸭：canard（法语）
oca（意大利语）	pato（西班牙语）
oie（法语）	anitra（意大利语）

在一本名为《谢尔穆夫斯基》（Schelmuffsky，著于1696年）的书中，描写了克里斯蒂安·路透的一段虚幻旅行。这本书的作者非常善于"eine artige Lüg-Ente"（做一场好的恶作剧）。亚当·洛尼克尔（Adam Lonicer）在他的《植物志》（著于1550年）中提到了苏格兰的一棵神奇的树，树上生活着一群鸭子。

在卢瓦尔的舍农索城堡，天花板上仍装饰着亨利三世时代的古老饰品。黑底饰品上装饰着白色的羽毛。在国王亨利三世被谋杀后，其遗孀（洛林·路易斯）在1589年请雅克·克莱门特将她所有的房间涂成黑色和白色。黑色和白色是当时宫廷的哀悼颜色。在古法语中，单词"penne"（羽毛）与单词"peine"（痛苦，哀悼）具有相同的发音，故而羽毛变成了哀悼的象征性表达。

16世纪时出现了衍生词"Gänserich"（雄鹅）和模仿词"Enterich"（公鸭）。在德国，北部的德语中大多使用"Ganter"，而南部的德语中使用"Ganser"与之相对应。

德语单词"Gänsefüßchen"（引号）自18世纪才被人们所知。单词"Gänsehaut"形容因为寒冷或恐惧造成皮肤起鸡皮疙瘩。这一单词自16世纪开始就广为人知，因为这与拔光毛的鹅的皮肤惊人地相似。在法语中使用"chair de poule"（鸡皮疙瘩）表示这一含义，在英语中用的是"goose-flesh"，在美式英语中是"goose-pimples"和"my flesh begins to creep"。

19世纪后，单词"Gänsemarsch"（鱼贯而行）才在德语当中被广泛使用。然而在16世纪时就出现了一种讽刺的表达"Gänsewein"（鹅酒），意指清水。对应的英语是"Adam's ale"，在法语中则简单地说"eau"（水）。

e）羽毛的语言学

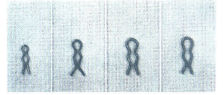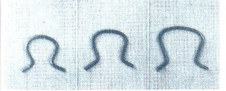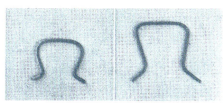

在第 e）节（第 79 页）——羽毛的语言学方面——介绍了德国单词 "Feder" 的演变，与英语单词 "spring"（春天）是对应的。这个单词与羽毛无关，也未进行过翻译。

"羽毛"一词有多少表达比喻义的方式？有多少含义？与"羽毛"相关的俗语有多少？

feather	— featherlike flaw in a gem
羽毛	—宝石上有羽毛般的瑕疵
feather-bed	— mattress stuffed with feathers
羽毛床	—用羽毛填充的床垫
feather-bedding	—pampering by giving generous help; make things easy for…
羽毛床上用品	—倾囊相助；让一切变得容易……

以下您会发现在德语语境下，单词 "Feder" 具有许多有趣的不同含义，例如："Triebfeder" 意为 "内在驱动"；"Blattfeder" 意为 "弹簧片"；"Federstiel" 意为 "起落架"；"Federlehre" 意为 "码尺"。

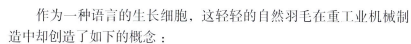

作为一种语言的生长细胞，这轻轻的自然羽毛在重工业机械制造中却创造了如下的概念：

弹簧片，

盘旋弹簧，

螺旋弹簧，以及锥形螺旋弹簧。

这种"膜片弹簧"是一种带有"叶片弹簧"功能的环形盘，这种"膜片弹簧"可以作为弹簧柱承受很大的力。所谓的"弹簧刚性"可以在一个很大的范围内进行调整。除此之外，弹簧在维持平衡状况中或者特定运动的激活中被用作"张紧弹簧"（在测力计中及弹簧秤中用于力的测量和称重），在汽车中则是"悬簧"及"缓冲弹簧"，还有制造运动的"动力弹簧"。与此同时，气体的可压缩性也越来越多地被运用，比如在"空气弹簧"中被用来制造弹力。通过气孔（例如氮气）将之转变为液体的储存，将作为"弹性零件"被装进一个封闭的液压缸里（液态气动弹簧）。

以单词"羽毛"组成的其他合成词，在这些概念如"缓冲支架"＝"羽毛杆"，可作为飞机的轮胎支架，"羽毛杆"＝在飞机起落架之中承受落地推力、保持飞机平衡的支架。"羽毛刻度"，即十分之一刻度，是一种测量工具，由两个 1：10 的杠杆组成，其中一个装配有弹簧。

(1815) "Make short work of it. (German: Federlesen)
Write on my tombstone:
This was a man,
Meaning he was a fighter."
Goethe, Epitaph

（1815 年）"简洁明了。 （德语：Federlesen）
在我的墓碑上刻上：他是一个男人，同时他也是一名斗士。"
歌德，墓志铭

feather-brained（羽毛头脑）	—empty-headed;flighty（没有头脑；轻狂的）
-headed	—
feather-broom（羽毛扫帚）	—duster made of feathers（由羽毛制成的除尘器）
-duster	
feather-edge（羽毛边）	—fine edge of wedge-shaped board（楔形板的细边）
feather-grass（羽毛草）	—grass formed like feathers（形状像羽毛一样的草）
featherings（羽状物）	—(Archit.) cusps of tracery（建筑用词）窗饰尖端
feathered pink（羽粉红）	—carnation with featherlike markings
	（类羽毛的粉红色标识）
feather-stitch（羽毛针脚）	—ornamental zig-zag sewing（装饰性的之字形缝纫）
featherweight（羽量级）	—(Boxing) boxer weighing between 53.5 and 57 kg
	（拳击用词），体重在 53.5 至 57 千克之间的拳击手
feathery（柔如羽毛的）	—light and soft like feathers（如羽毛一般轻柔）
birds of a feather	—people of very similar character
（有同样羽毛的一群鸟）	（一群性格相似的人）
in full feather（长满了羽毛的）	—dressed up（进行盛装打扮）
in high feather	—in high spirits, highly delighted
（羽毛高高飘起）	（精神抖擞，心情愉悦，兴高采烈）
a feather in one's cap	—an achievement to be proud of（值得骄傲的成就）
（帽子上有羽毛）	
to show the white feather	—show fear（表示恐惧）
（出示白羽毛）	
as light as a feather	—very light indeed（形容非常轻）
（像羽毛一样轻）	
to feather one's nest	—make things comfortable for oneself
（用羽毛铺垫自己的巢）	（为自己谋私利）
to crop one's feathers	—to humiliate someone（羞辱某人）
（剪短某人的羽毛）	
to ruffle a person's feathers	—to annoy a person（激怒某人）
（弄乱某人的羽毛）	
to tar and feather	—a cruel punishment from the Middle Ages
（将人浑身涂满柏油再在羽毛堆中打滚）	（中世纪时期的一种酷刑）
to smooth one's rumpled feathers	—to regain one's equanimity（重新恢复冷静）
（理顺某人凌乱的羽毛）	

Proverbs: Fine feathers make fine birds. Birds of a feather flock together.
谚语：人要衣装，马要鞍。物以类聚，人以群分。

Federweiße
（发酵中的）葡萄汁 — 发酵中的葡萄浆，当葡萄浆发酵时沉淀出乳白色的团状让人想起来床垫中的小羽毛

Federzeichnung
钢笔画——线状风格的钢笔画

Federwaage
弹簧秤——一种秤，通过弹簧受力而称重

Federwolke
触须——触须

Federspiel
用猎鹰捕鸟——猎鹰捕鸟：用于捕捉鸟的猎鹰

Federung
弹性——弹力；弹性

"Sich mit fremden Federn schmücken" "用奇怪的羽毛化妆"
（口语使用。说话方式，来源于伊索寓言《寒鸦和猫头鹰》）

第六部分：商业与消费

Sechster Teil: Handel und Verbrauch

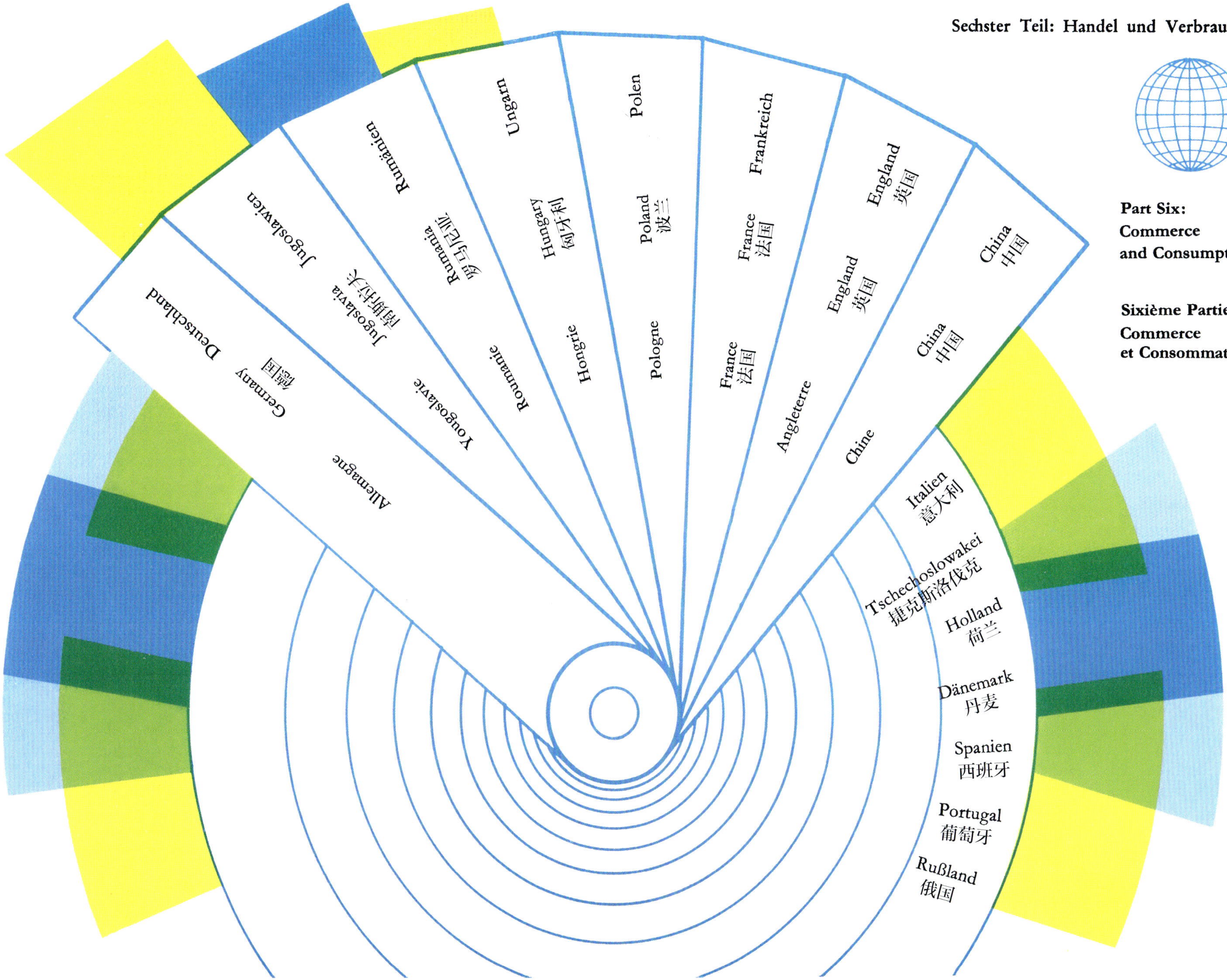

Deutschland
Germany
德国
Allemagne
Jugoslawien
Jugoslavia
南斯拉夫
Yougoslavie
Rumänien
Rumania
罗马尼亚
Roumanie
Ungarn
Hungary
匈牙利
Hongrie
Polen
Poland
波兰
Pologne
Frankreich
France
法国
France
法国
England
英国
England
英国
Angleterre
China
中国
China
中国
Chine
Italien
意大利
Tschechoslowakei
捷克斯洛伐克
Holland
荷兰
Dänemark
丹麦
Spanien
西班牙
Portugal
葡萄牙
Rußland
俄国

Part Six: Commerce and Consumption

Sixième Partie: Commerce et Consommation

一、羽毛原料：一种国际商品

"To be successful" means to bring two different things under one hat, as for instance, the wishes of the customer and the supplier.
*"成功"*是指将两件不同的东西放在同一项帽子下，例如客户和供应商的愿望。

在一家羽毛厂的采购部门中，采购来的羽毛样品整齐地排成一长排展示着。这些样品抽取自不同的羽毛批次。一个门外汉看到这样的场景，不禁思考了起来。在他眼中，这些成堆的、零散的羽毛，有大有小，但是没有任何质量差异。鉴别羽毛质量良莠的能力需要长期的练习和经验。只有在每年发布新价格，也就是接受供应商的报价时，"采购的艺术"才尤为凸显。

"羽毛工厂的特点和本质是属于高成本的企业——其原料成本至少占最终成品成本的 50% ——因此，根据长期经验深思熟虑，'合理地'采购羽毛原料对于企业来说是最重要的。"大约在 19 世纪中叶，羽毛原料成了世界市场中的一项商品。这一商品遍及全球，并且受到上下游供求关系的影响。因此，其价格也波动较大。在第一次世界大战之前，世界经济相对稳定时，价格浮动普遍在 10% 至 15% 之间。如何及时地预测价格波动，提前合理地制定计划，这就是自由企业制度下的采购艺术。

一项关于不同时期全球羽毛市场的简单调查显示，在羽毛市场兴起的前期，匈牙利地区的羽毛市场尤为重要。布达佩斯市场作为羽毛原料交易的主要市场，大量资本在这里流转，采购商们甚至频繁地直接从经销商那里采购大量的羽毛。

欧洲东部或东南部的国家总是能够提供最佳的原料。

当时，西伯利亚生产的半白羽毛也在全球享有盛名。它们通常被用来满足内需，但是现如今市场上已经没有这样的羽毛了。

从传统上来说，最好的羽绒产自波西米亚（捷克），白色和半白色的鹅毛产自波兰、匈牙利和罗马尼亚。除鹅毛外，法国还供应大量的鸭毛。但在 19 世纪的后 20 年，来自中国的羽毛占的比重越来越大。羽毛消费国的需求增长得太快，以至于欧洲的供应国不再能提供足够的数量。

第二次世界大战后，主要消费国德国的家禽原料毛进口完全停止了。中国和东欧国家的原料毛出口也停止了。二战后的第一批少量原料毛由一家原材料交易代理商从捷克斯洛伐克进口。之后慢慢地，欧洲的原料毛市场又重新开启了。1949 年，来自中国的原料毛在战后第一次出现在市场上。

原料毛市场对经济变化和政治导致的经济变化非常敏感，往往会出现供不应求的局面，而这与原料毛商品本身常常只有微乎其微的关系。影响原料毛价格的因素往往出现在外汇交易市场或结算系统中。因供应商有限，价格受这些因素影响，波动很大。

这些描述说明了应对市场进行怎样正确的分析。

From a course in sales psychology: Everyone can start on the road to success but to arrive at the destination, one must negotiate the curves in all types of weather.
从销售心理学可知：*每个人都可以踏上通向成功的道路，但要达到此目的，则必须经历各种各样的艰苦考验。*

A. 西欧

在法国，原料毛的交易无疑发展自装饰羽毛领域。从文献中得知，早在 19 世纪中期，原料毛经销商就已经出现了。他们主要居住在巴黎。法国许多小农场的景观和农业建筑总带有一个专用的收集中心，尤其是当鹅毛、鸭毛以及鸡毛成为有收益、受欢迎的商品时。在 19 世纪上半叶，活跃的羽毛业商人们将他们的业务扩展到了"填充用羽毛"方面。

传统上把收购羽毛并清洗干净的人称为"chiffonniers"（拾破烂的人），他们处在交易层次的最底层。类似于匈牙利或捷克斯洛伐克的购货代理人，他们从农场购买羽毛。chiffonniers 不仅收购羽毛，还收购其他原材料和废品，他们把收到的羽毛卖给羽毛经销商，这些羽毛经销商不仅供应法国市场，还供应法国以外的其他国家。随着生意的发展，他们不得不开始进口羽毛。后来他们不仅生产填充用羽毛，他们还生产被子和枕头。

根据 1884 年的一些文献记载，有一个批发商定期收购爱尔兰的羽毛，同时将收到的羽毛在英格兰销售。在爱尔兰，鸡毛的价格大约为每千克 $2^{1/2}$ 便士，爱尔兰白色旧羽毛的价格是每千克 2.50 法郎。

羽毛经销商早期的这一双重角色也可以在出口贸易方面被注意到。1884 年，各个国家间的进出口贸易充满了活力。仅从其他国家出口到英格兰的羽毛交易额就达到了 757000 英磅。而英格兰供应给美国的羽毛量达到了 1600000 英磅，这说明了羽毛贸易在国际贸易中的重要性。

法国羽毛贸易公司因其收购和供应的双重角色在国际贸易中占有很高的地位。同时，身为羽毛进口国和出口国的法国，在某种程度上成为了一个羽毛贸易的中转地。羽毛经销商们能通过 chiffonniers 组织起大量的陈年羽毛储备，需要时可缓解市场对羽毛的需求。在过去，这一点对于"不景气"时期尤为重要，如两次世界大战之后、世界大萧条或其他类似时期。有规律出现的对大批量低价羽毛的需求，都是由法国的陈年羽毛满足的。

意大利的羽毛业发展与法国类似，但它的商业成交量与法国无法相比。意大利最早的羽毛交易可追溯到 1796 年，它的主要公司大多集中在北部，很早就开始销往国外。来自皮埃蒙特地区的鹅毛在众多羽毛消费国中都非常有名。但是，一段时间以后，因为意大利经济结构的改变和一些其他方面的影响，意大利羽毛的出口量呈稳定下滑趋势。不仅是羽毛的产量减少，工厂的数量也在减少。从传统上看，比利时、荷兰和卢森堡三国既非羽毛的出产国，也非羽毛交易大国。然而，这一状况在第二次世界大战之后有了部分改变。这些国家战后新建的养鸡场出产了大量的羽毛，并进入市场。

Calm down, I'll replace the rooster. Okay, but won't the chickens notice?
安静点，我将要代替那只公鸡。很好，但那些小鸡分辨不出来吗？

毕加索手稿中的公鸡

在中欧地区，由于鸡毛不再用作床品的填充材料，其销售变得非常困难。而鸡毛本身的价格低廉，运费因此必须限定在很低，这又导致它无法被运往更远的地方出售。而荷兰，已经建起了他们自己的养鸭场和育肥工厂。羽毛主要销往邻近的国家。此外，荷兰还是唯一一个出产天鹅羽毛的国家，天鹅羽毛在装饰性羽毛贸易中占有举足轻重的地位。

在其他西欧国家，例如西班牙和葡萄牙，并无羽毛方面的专门贸易。这两个国家没有自己的羽毛出口销售公司。

而英格兰和爱尔兰的情况有所不同。在很久以前，爱尔兰的一些历史悠久的公司就开始出售羽毛给消费国，主要是白鹅毛和白鸭毛。而英格兰的商行专门从事与欧洲的羽毛消费国之间的贸易。直到今天，这一贸易仍占有相当重要的地位。

《公鸡》
戈索尔（Gosol），绘于 1906 年夏，
水粉画，左下角签名为毕加索

由埃特小姐和克拉丽贝尔·科尔博士收藏于巴尔的摩市巴尔的摩艺术博物馆，属于珍贵藏品

B. 东欧

a）匈牙利

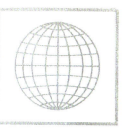

From the door-to-door salesman to Cooperatives.
从商人上门收购，到合作社。

在第一次世界大战前，匈牙利是世界上仅次于中国的第二大羽毛出产国。佩斯特贸易委员会的一份账目表明，1850年仅在佩斯特就销售了20000到25000英担的羽毛。如此大批量的羽毛是如何从不同的农场运到市场的呢？直到第二次世界大战，羽毛的运输还要经过几次中转。最初由小贩一个接一个地去农场收购羽毛。到周末时，他们每个人都可以收购到60至70千克羽毛，并且将羽毛送到城镇中心并出售给批发商。一月一次或两次，批发商从地方城镇将羽毛货品发给出口商。早在1860年，就有两个来自波西米亚地区的商人在匈牙利成立了商行，专门收购和出口羽毛。到第一次世界大战爆发时，匈牙利已经有了6个比较重要的羽毛出口商行。

贸易委员会当时的报告揭示了这一贸易依赖小贩们的程度有多大。1852年，由于推行小贩许可执照制度，19世纪下半叶的羽毛交易量锐减。该许可制度规定小贩们"不允许使用畜力车或驮畜贩售商品"。

随着该制度的推行，"因小贩们无法使用马车或驮畜，只能靠人力挨家挨户、村与村之间运送货物，因此他们几乎不再收购羽毛。他们宁可选择那些利润哪怕较少，但运送起来省力的商品"。

羽毛收购量锐减的问题不久便得到了解决。羽毛此时完全由合作社收购，合作社最早出现于19世纪30年代早期。

农村合作社将收购的羽毛送往国家禽类制品厂的"羽毛加工部门"，羽毛原料在那里接受加工处理。不过从进口国的视角来看，合作社收购的羽毛跟原来并没有显著区别。按其收到的鹅的数目计算（每只活鹅拔毛320克），每个合作社成员需交付的羽毛量是固定的。

85

每年 2000000 弗林银币

羽毛源源不断地为匈牙利带来了大量的外汇，到 19 世纪中叶时，每年达到了 2000000 弗林银币。事实上，匈牙利的羽毛商人很早就需要跟国际市场上的竞争者去竞争。1880 年一份关于羽毛贸易的商业文件写道："以前只有美国和俄国能在羽毛行业以及高品质羽毛方面和我们竞争，俄国产的羽毛的品质一般，现在中国和日本也加入了竞争队伍。有数次大批量的羽毛从这两个国家进口过来，主要是在汉堡。虽然这些所谓的'日本羽毛'品质低劣，但它仍然以低廉的价格给我们的羽毛销售造成了巨大影响。"德国从过去到现在一直是匈牙利羽毛的主要市场。因此，德国政治形势的变化能给匈牙利羽毛出口商的销售造成巨大影响，就毫不奇怪了。

"东方战争一开始，德国以及其他国家再从俄国进口羽毛就变得不太现实了。这些国家为了满足自己的需要，不得不转向从匈牙利进口羽毛。由于旺盛的需求，羽毛的价格逐渐涨到了相当高的程度"（1854 年到 1856 年贸易委员会的报告）。"1870 年时，羽毛的销售前景非常好，出口活跃，利润可观。德国和法国之间的战争导致商业停滞，我们在德国和阿尔萨提亚的主要客户不再去市场购买产品。结果是羽毛价格一落千丈。"不过在两年以后，佩斯特贸易委员会又称"生意势头良好"，此时普法战争已经结束，"1872 年，除正常的羽毛采购需求外，还进行了几次重大的商业并购"。

1880 年，有文献记录他们抱怨贸易障碍："我们不得不说德国加征在水洗羽毛上的税对于我们的出口贸易来说，仍然是个阻碍。"

以上仅是旧文档中摘录的一些例子，这些文档充分说明了匈牙利和德国之间贸易的重要性。

那时羽毛出口的生意主要在布拉格交易会和布达佩斯的秋季交易会上谈妥，很小一部分在不同的春季集市上确定。资历丰富的交易商可根据羽毛的预期产量来预测羽毛交易会时的行情。天气的好坏对交易会的影响很大。

鹅群放到野外

第一个交易会日，圣约瑟夫，3月19日：

按照生活经验和民间信仰，"圣约瑟夫把热量都收进了袋子里"。如果天气一直寒冷，孵化会很困难。

第二个交易会日，梅达尔德，6月8日：

如果这天有雨，会连续下40天，不能从家禽身上取毛。

第三个交易会日，圣约翰斩首日，8月29日：

这个交易会日被称为秋季交易会，对那些忙于收购或加工羽毛的人来说是最重要的日子。在这次交易会上，有经验的人可估计出当年羽毛的产量。

第四个交易会日，圣利奥波德，11月15日：

如果这天天气温和，冬天通常会来得较迟，而恶劣的天气会降低羽毛的产量。

1880年布达佩斯主要集市羽毛价格的波动情况（每56千克所需的弗林价格）

不同日期的价格（弗林）：								年 平均价格 弗林银币
圣约瑟夫日		梅达尔德日		圣约翰斩首日		圣利奥波德日		平均价格
原料羽毛								
非常好	160	—	160	165	165	170	179	180	69.1
良好	135	145	135	145	130	140	135	145	138.7
中等	120	150	120	130	120	130	120	130	125.-
一般	90	105	90	105	100	110	105	120	103.1
平均	30	55	35	60	30	60	35	60	45.-
初选羽毛								
非常好	200	210	200	210	200	220	200	220	207.5
良好	140	160	140	160	145	160	140	155	150.-
一般	100	110	100	110	110	120	100	125	109.3
平均	60	85	60	90	60	90	60	90	74.3
羽绒羽毛								
非常好	280	—	280	290	270	280	280	304	182.8
中等	220	230	225	240	220	240	225	240	230.0
一般	200	210	210	220	200	210	200	220	208.7
平均	175	190	180	200	170	190	170	190	183.1
彩色鸡毛								
毛片	11	13	11	13	11	13	11	13	12.0

令人感兴趣的是，那时的农夫们大多数只出售新羽毛的一部分。有一份报告中提到对这种做法的反对意见。原文如下："他们出售大量已使用过好多年的羽毛，因为随着大量加工厂的建立，旧羽毛的价格只是略低于新采集羽毛（大约低10%到25%）。"

19世纪后半叶，一些消费国铁路的建成及第一批冷藏库的建立，为增加禽类出口创造了先决条件。更大数量的肥禽羽毛投放到了市场上。

产自匈牙利的填充用羽毛、初选毛和原料毛及羽绒的出口统计数据

接收国		1882	1883	1884	1885	1886
奥地利	数量	6.511	7.159	6.203	5.783	5.842
	价值	1823.110	2004.601	1673.465	1867.205	1670.019
德国	数量	11.439	11.077	12.302	14.601	12.107
	价值	3202.954	3101.653	3318.375	4747.989	3449.063
瑞士	数量	171	86	94	5.0	79
	价值	48.129	24.203	25.424	14.302	22.547
意大利	数量	1.0	0.3	0.03	0.6	1.2
	价值	190	98	8	175	368
法国	数量	21	15	22	2.6	26
	价值	6.084	4.354	6.171	826	7.532
比利时、荷兰	数量	128	24	118	—	137
	价值	35.921	6.883	31.991	—	40.130
英国	数量	—	5.25	—	—	—
	价值	—	1.470	—	—	—
俄罗斯	数量	—	0.53	—	1.90	—
	价值	—	148	—	503	—
波黑	数量	—	0.2	1.0	7.7	2.8
	价值	—	70	288	2.693	812
罗马尼亚	数量	1.0	0.18	0.28		0.77
	价值	132	5	76		216
塞尔维亚	数量	1.2	0.1	0.3	0.7	0.3
	价值	359	28.0	86	238	90
巴尔干半岛诸国	数量	1.0	—	—	—	0.15
	价值	73	—	—	—	42
其他国家	数量	—	—	0.22	0.68	0.08
	价值	—	—	59	224	22
总计	数量	18274.83	18369.85	18743.34	20445.17	18197.71
	价值	5116952	5143558	5055943	6634155	5190841

数量以100千克为单位给出，价值以弗林银币计

来源：布达佩斯贸易委员会官方统计资料

无数吨的羽毛

第一次世界大战后，匈牙利领土的改变对羽毛的生产造成了一定的影响。两次世界大战之间，匈牙利鹅毛、鸭毛、鸡毛、火鸡毛的平均总出口量与今天大致相同，即每年 2500 到 3000 吨。

第二次世界大战后，供应量暂时减少了，但数年后又恢复到战前的水平，甚至超过了之前的水平。目前，每年的鹅毛和鸭毛的产量约为 1760 吨，其中 1260 吨用于出口。

匈牙利的羽毛主要供应给西德、法国、瑞士、奥地利、东德和捷克斯洛伐克。其供应给北欧各国的主要是鸡毛。

"Price Characterizes Merchandise"
is a proverbial experience
known in almost every country in the world.

"一分钱一分货"是世界上大多数国家通行的格言。

在第二次世界大战后，"顶级品质的原料羽毛"的价格波动相对很小。

直到第二次世界大战结束，羽毛的采购主要根据样品的分级，而分级靠的是感官感知。买家不得不估计灰分和杂质的量、含水量、绒子含量以及羽绒的成熟程度。这一工作只有专家才能胜任。

从以下一起事件可以看出，能胜任这一困难工作的人多么稀少，即使有些人"注定"要做这件事：有一次，在涉及一大宗匈牙利羽毛的交易中，买家和卖家就价格问题产生了不同意见。在争执中，恰好有个业内人士走进了样品间，他是这方面公认的专家。争执双方请他就价格问题立即给出意见。然而，那人却回答说："先生们，我已有三个星期没拿到过一次样品了。所以目前我还没做好对这些羽毛的品质发表意见的准备。"

今天，羽毛的价格主要根据各项质量标准来决定，很少再抽取样品。但某些情况下，双方也会对羽毛品质，或对样品和货物提出不同意见。目前运送羽毛用的麻布袋可装 70 到 80 千克羽毛，而原来使用的麻布袋能装 100 千克。装羽毛的麻布袋主要通过铁路运送，只有很少一部分通过水路运送到德国帕绍或雷根斯堡。

尽管鹅是一种食草动物，但在水中也能悠游自在。

b）波兰

《克拉科夫市克莱帕兹（Kleparz）地区的集市》，作者：希波利特·利宾斯基（19世纪），收藏于华沙国家艺术博物馆

　　在第一次世界大战后，羽毛原料基本上只产自一些饲养家禽的小农场，由小贩们上门收购。然后在城镇的收购中心，小贩们将他们买来的羽毛原料出售给交易商。波兰每年的羽毛原料总产量大约为2500到3000吨。最初时，其中大部分作为未清洁过的原材料直接出口，1930年后，原毛也在清洗处理后出口。1930年，政府颁布了关于管控出口羽毛质量的法令，在对羽毛原料出口的限制条例开始生效后，波兰开始出现了小规模的羽毛加工工业。

从 1935 年开始，政府对羽毛出口产品的规定更加严格了。关于羽毛标准的政令明确规定，加工过的羽毛中，污物、掺入物、人造物质的重量不得超过 1%，而在羽毛原料中，这些物质的含量不得超过 5%。

出口的羽毛征收出口税为每 100 千克羽毛 1000 兹罗提（Zloty，波兰货币单位），每 100 千克羽绒 3000 兹罗提。

那时有几十家私人公司从事出口业务。1934 年，这些公司联合在华沙成立了一家专业机构，名为"波兰羽绒出口商会"（Ogôlnopolski Zwiazek Przetwôrcôw Eksporterôw Pierza i Puchu）。除装饰用羽毛出口商外，其他羽毛出口商必须在国家出口商会登记备案。到 1937 年时，波兰的羽毛出口公司达到了 81 家。其中，11 家是清洗工厂；34 家是无加工设备的羽毛原料出口公司；33 家是加工并出口装饰用羽毛的公司；还有 3 家从事将鹅绒与鹅皮一起剥离的工作。出口填充用羽毛和装饰用羽毛的大公司总部通常位于华沙、克拉科夫、罗兹、凯尔采等大一些的城市，小公司通常位于罗真、梅莱茨、塔尔努夫、索斯诺维茨、卡利什、特拉凯、布罗迪、赫梅尔尼克、斯塔舒夫等小一些的城市。

直到 1930 年为止，德国和捷克斯洛伐克一直是波兰羽毛最重要的出口市场。从 1935 年开始，波兰的羽毛贸易扩展到了其他欧洲国家，主要是丹麦和奥地利，后来又扩展到了美国。这些国家对羽毛的进口没有限制。从世界市场羽毛产品成交量统计记录看，1938 年波兰的羽毛出口量居世界第 5，排在中国、匈牙利、美国和法国之后。

第 95 页的表格显示了 1922 年到 1938 年间波兰羽毛的出口量。波兰出口给德国的羽毛还必须包括波兰出售给德国的活鹅身上的羽毛，每年大约有 1000000 只鹅。这些鹅从波兰边境地区被驱赶入德国。

1930 年，由于德国将从波兰进口的羽毛限定在一定的量，因此波兰羽毛对德国市场的出口量减少。

为了消除德国配额制造成的不利影响，波兰开始与丹麦进口商协商独家购买权事宜。然而，协商最终没有成功。

在波兰只出口羽毛原料的时期，捷克斯洛伐克已转向羽毛加工业，加工用的材料是它从波兰和其他欧洲国家进口的羽毛原料。

在把这些不同来源的羽毛原料混合加工后，捷克斯洛伐克又将加工后的商品出口到国外。

20 世纪 30 年代的经济大萧条时期，波兰羽毛的价格出现大幅下跌，最高时接近 40%。经济复苏之后，波兰羽毛的价格有所回升，以下是 1937 年的价格水平（不考虑穿越波兰边境的费用）：

未清洁过的羽绒	每千克 15.50 兹罗提
未清洁过的白鹅毛	每千克 5.20 兹罗提
未清洁过的初分鹅毛	每千克 50.0 兹罗提
彩色鸡毛	每千克 0.62 兹罗提

与战前的无序状态不同，第二次世界大战后，羽毛业发展成为一个专业性强、组织严密的生产行业，可提供均质化、高品质的产品。在工业化家禽饲养普及后，波兰羽毛原料的生产出现了多方面的变化，主要是变得更为集中。

羽毛主要在5座羽毛工厂中进行处理，这5座工厂属于"家禽行业联盟"。供应这些工厂的羽毛原料来自家禽育肥工厂，而育肥工厂也属于家禽行业联盟的成员。

个体农户生产的羽毛已不再重要，他们的产量占羽毛总产出量的比例在10%到20%之间浮动。

战后羽毛的出口在1948年恢复，开始时只有几十吨。得益于家禽养殖业的迅速发展，到1958年时羽毛的出口量达到了730吨，1967年时超过了2000吨，基本已与第二次世界大战前的产量持平。目前，波兰每年的羽毛产量维持在1800至1900吨左右，其中包括各种羽毛（鹅毛、鸭毛、鸡毛、火鸡毛、装饰性羽毛和废羽毛等）。羽毛的出口由中央外贸办公室"Animex"管理，主要出口西德、法国、美国、瑞士和斯堪的纳维亚地区。

"*People gather a great number of frivolous pleasures in bed by either devising impossible things in their mind or by obtaining with the body those pleasures which are often the beginning of a failed life.*"

Leonardo da Vinci

"人们在床上体会到了很多小乐趣，这些乐趣或许来自他们天马行空的想象，或者来自身体的快感，而这些快感往往是一个人堕落生活的开始。"

达芬奇

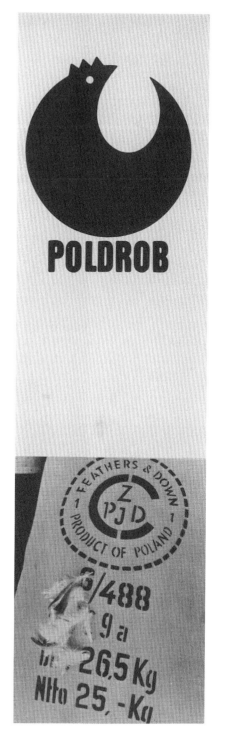

波兰填充用羽毛和羽绒的主要出口市场（吨）

年份	捷克斯洛伐克	德国	美国	奥地利	法国	丹麦	英国	瑞士	荷兰
1922	95.6	1020.6	88.8						
1923	105.3	986.2	127.6						
1924	256.3	1251.5	80.7	57.9					
1925	409.5	1338.3	65.5	56.5					
1926	452.4	1129.5	49.7	91.7					
1927	464.2	1522.7	59.5	68.8					
1928	368.2	1472.5		75.-					68.6
1929	326.8	1339.6							66.1
1930	217.7	930.4							62.5
1931	264.4	948.4							
1932	190.2	983.-		63.1					
1933	159.2	950.4		67.7					
1934	175.4	664.4		97.1		358.5			
1935	50.5	209.9	63.5	410.4	52.6		65.4		
1936	54.2	221.-	242.1	460.5	55.5	310.5	67.8		
1937	—	147.4	301.5	437.8	62.4	602.4	97.5	47.9	
1938	111.9	671.2	174.6		75.2	362.8			

波兰填充用羽毛和羽绒的总出口额（数量和价值）

年份	量（吨）	价值（1000 兹罗提）
1922	1365.2	2633
1923	1427.4	6471
1924	1799.2	8912
1925	2022.6	5026
1926	1865.6	5053
1927	2253.2	7465
1928	2146.5	9831
1929	1932.9	12235
1930	1394.8	9956
1931	1315.0	10100
1932	1323.6	0789
1933	1307.4	5792
1934	1471.8	6164
1935	1107.0	4628
1936	1627.4	7982
1937	2052.1	10370
1938	1988.4	9440

仅列出每年出口量接近 50 吨及以上的国家。

阿洛伊斯·舍恩（Alois Schönn，1869 年），《克拉科夫的家鹅市场》，收藏于维也纳奥地利艺术馆

c）捷克斯洛伐克

出产大朵绒的皮尔森市周围地区

有一则关于布拉格羽毛贸易商的记录这样写道（记录者是一个孩子，在第一次世界大战前经常陪同父亲四处旅行收购羽毛）：卖羽毛的人来自周围的各个地区，他们找到我们，每人带来1到3千克的羽毛。一个接一个村子，我的父亲一路上收购了很多羽毛，大约有200到500千克，都堆在租来的马车上。随后这些货由一个专门的承运人运走。通常来说，我们收到的羽毛都是别人挑选过的。这些羽毛很少有新采集的羽毛，主要是陈年羽毛或初选过的毛片。10月和11月时也能收购到羽绒。不同品质的羽毛随后用叉混合在一起并捆扎打包起来。

从这一记录看，捷克斯洛伐克地区出产的商品羽毛信誉不错。还有个例子是人们都知道距布拉格30千米处有个叫贝朗（Beraun）的大村镇，那里出售大绒朵成年鹅的羽毛。那儿的农夫会把他们的鹅饲养很久，收获鹅毛出售。

羽毛生产者们还从匈牙利和波兰买来羽毛，与他们自己的羽毛混在一起，以"捷克羽毛"的名义出售。

每年11月11日的圣马丁日，皮尔森市也有一个集市，是周围远近闻名的羽绒和新采集羽毛交易中心。快到开市日前，专业的经销商就能从接踵而来的羽绒询价当中明确羽绒的销售价格具体是100、98、95，甚至是102克朗。

波西米亚所有地区的农妇都有自己的采毛技术。通过区分采毛方法、羽毛包装尺寸和组成的不同，有经验的贸易商能立即分辨出这些羽毛和羽绒分别产自哪个地区。

在房屋编号制度出现之前，每栋房屋都有自己的名字，这些名字反映了房屋的特点、用途或者主人的职业。上图就是一个例子，房屋名为"三根羽毛之宅"表明这里居住的是个饲养家禽的农庄主或羽毛贸易商。

布拉格的老屋的纹章图案看起来就像神话故事中的一样，如双太阳宅、鸭宅、天鹅宅、三把小提琴之宅等。

Reproductions from Merianheft "Prag" 1973

Fotos: Werner Neumeister

每周二的市场

在布拉格，每个星期二都会有产品交易市场，交易的产品也包括羽毛。不过羽毛交易的规模不大。经销商们在一间咖啡屋见面谈生意，每过一年或两年换一个咖啡屋。除了填充用羽毛交易商之外，来自布拉格周围地区的其他经销商也在那里见面。这种聚会不仅仅是为了产品交易，同时还有交流市场信息的作用。在咖啡屋还讨论所有待解决的市场问题。

根据经验，人们通常比较信赖来自匈牙利北部和库曼尼斯（Cumanes）的羽毛产品品质。那时出售羽毛必须先取样检查，人们对待一些波兰经销商则要小心得多。待售的羽毛产品通常送到一个运输代理机构，首先由那里的人使用长棍捅刺，以检查是否混入石头等重物。然后再取样检查，如果满意，才购买货物。在第一次世界大战前，德国的羽毛制品工厂是捷克斯洛伐克羽毛的最重要的客户。而世界大萧条（20世纪30年代初）也对这一业务关系造成了负面影响。1935年和1936年，羽毛贸易开始恢复。但在第二次世界大战开始时，自由商业贸易随即停止了。第二次世界大战后，捷克的贸易又重新开始，但当时最大的问题就在于寻找购买外汇的渠道。那时的德国，有好多年没有支付能力。于是，向美国的出口逐渐开始了，因为除此之外别无它路。直到二战结束多年后，与德国的贸易才又重新开始。第一批运往德国的羽毛产品目的地是一些盟军的职业机关。令人好奇的是，这些职业机关订购了10吨"浮漂毛"。如此大量的"浮漂毛"在全世界恐怕也找不到，原因是一只翅膀上的初生羽毛只能产出一个"浮漂毛"，从翅膀上拔下的一个羽片称为"浮漂毛"。"浮漂毛"通常用作圣诞树的装饰物。

在与德国北部的一些填充用羽毛制造商达成协议后，这些职业机关向进口机关建议进口10吨带有长毛片的羽毛，并为此获得了足够交易的外汇货币。长毛片分给了几个工厂加工，余下的填充用羽毛加工后留待医院或其他需要的地方使用。这批战后首次获得德国进口许可的捷克货物中有价值200000美元的填充用羽毛。还有一部分订单给了丹麦，订单的德国部分为125000美元。

布拉格老城画：市内的戈德马彻（Goldmacher）大道

赫拉德钦（Hradschin）区的莫尔道桥

布拉格"黄金城"的几张素描

旧城广场（Altstädter）处的泰恩（Teyn）教
堂和泰恩（Teyn）学校景观

在当今这个技术时代，随着现代运输业的发展，货物能运达最偏远的地方。没有现代运输的帮助，目前的经济生活是无法想象的。作为在世界范围内存在相互联系的行业，羽毛加工业每天都享受这种运输上的进步所带来的便利。但并不总是这么简单。一百年以前，人们的生活已经相当舒适安逸。典型例证：从 1880 年起，每年一次，法国一家羽毛加工厂的负责人总是要踏上漫长的旅程，从巴黎到俄国去，他的行程有时甚至远到西伯利亚，目的是购买羽毛原料。这位活跃的商人忙忙碌碌几个星期，需要在路上携带大量的现金。在当时并不存在今天这种全面发展的、可方便地进行兑换和转账的银行体系。为了保护自己不被抢劫、盗窃，这位法国商人还雇佣了一个强壮的保镖。除考虑同行的仆从人选外，所有的重装备，如雪橇、冬装、靴子等，都要事先考虑并准备好。只有当一切准备就绪，方能踏上行程。从 1880 年开始，每年他都会来一趟这样的采购之旅。所以您可以看出，"武装车辆服务"并非今天的发明，而是在过去的"羽毛采购车"的基础上略加改进而已。1869 年时，俄国的一些城市，如列别金、哈尔科夫和新霍皮奥尔斯克等已出现了羽毛采购市场。苏联已不再是羽毛出口国，其所有的羽毛产量都用来满足国内需求。据最新消息，苏联建了很多座现代羽毛加工厂，为了精加工羽毛原料，它还从德国购买了大量的加工设备。

东欧画作——手工卷烟（油画）威利·施密特·利布绘，收藏于伍兹堡市美术馆

100

油画《东欧农夫》，威利·施密特·利布绘，
收藏于伍兹堡市美术馆

俄国或苏联出口到德国的羽毛

1900 年	15.036 吨
1910 年	850.3 吨
1920 年	—
1930 年	943.9 吨
1940 年	284.8 吨
1950 年	—
1960 年	—
1968 年	0.1 吨
1970 年	0.1 吨
1971 年	0.1 吨

　　第二次世界大战后，由于外汇管制的原因，苏联对德国的羽毛出口（主要是西伯利亚灰鹅毛）几乎下降到可忽略不计的地步。据笔者猜测，这可能是因为苏联的国内需求增长，导致羽毛的产量不足以用于出口。

　　当时苏联的农业规划是打算在国内建立接近 600 家家禽育肥工厂，预计大量增加的羽毛产量会需要更多的羽毛加工厂。

　　罗马尼亚的羽毛产量由一家国营贸易公司统计。它的主要羽毛产地位于特兰西瓦尼亚地区和以蒂米什瓦拉市为中心的西部地区。

　　在南斯拉夫有几家遍布该国的公司负责统计羽毛产量和管理羽毛的出口。诺维萨德市出产的羽毛是南斯拉夫羽毛当中最负盛名的。

C. 东亚

a）中国

Chinese feathers in beds all over the world.

中国的羽毛遍及全世界。

染色画《运往船上的羽毛》，作者威利·施密特·利布

早在 19 世纪末，中国已经开始向全世界出口大量的羽毛，数量与 1909 年到 1913 年的记录接近。它每年的羽毛出口量大约为 5400 到 6000 吨。如此大量的羽毛出口，能为中国每年带来 3000000 到 4500000 金马克（Goldmark）的外汇收入。德国一直是中国羽毛最大的进口国，其羽毛进口总量的四分之一来自中国。例如，1913 年，德国公司从中国进口了大约 3000 吨羽毛，占中国出口羽毛总量的一半以上。两次世界大战之间，中国向德国的出口量有所减少，原因是世界性的大萧条和外汇的短缺。受影响的不仅仅是德国的羽毛市场，许多国家都不得不减少进口。1927 年时，德国的羽毛进口量超过了 10000 吨，其中 2500 吨来自中国，5 年后，进口量下降到了大约 5300 吨，有 1300 吨来自中国。两次世界大战期间，与中国的贸易主要在进出口公司之间进行。主要是汉堡市和不来梅市的这些进出口商推动了德国和中国之间的贸易。这些进出口公司的客户不局限于德国的羽毛加工厂，他们还向其他国家的主要公司提供来自中国的羽毛。到 19 世纪末，一些欧洲的羽毛加工厂也在中国建立了他们自己的办事处，或者是在一些现有的租界开办。当时羽毛商们首选的营业地点是广州、汉口和上海。

来自华北的货物

Pairs of ducks mean conjugal happiness.
成对的鸭子代表着美满的婚姻。

Shou = 长寿

羽毛的收购主要按照地域划分。买主把货物分为来自华北或来自华南。不过来自华北的羽毛并没有什么质量标准，不像来自华南的羽毛。来自华北的经销商交付的鹅毛和鸭毛通常为羽毛原料，包括翼羽和尾羽，还带有沙和尘土，以及其他混杂物。有时他们交货的量很少。即使是专家也很难确定这些羽毛的价值，为了符合海外客户的不同要求，有时不得不选用不同批次的羽毛来拼凑，从而满足顾客需要。深度加工，如分毛、初洗、混合、打包成 180 千克到 200 千克的大包等，均由买方自己完成。仓库里通常会有几百个女工，甚至有儿童，由他们手工分拣羽毛。而每天工作 10 至 12 个小时的报酬不超过 1 马克，但这在当时的中国来说已经相当高了，女人们抢着想得到这份工作。每个季节开始时，商人们都会将大量库存的样品以邮寄的形式通过海运、或通过西伯利亚陆路发送给欧洲和美国的客户。由于华北没有质量标准，因此客户们也不得不接受每一批次的羽毛都只能大致与样品羽毛相同。在当时的电报中，常出现这样的文字："类似于……"或"略次于"或"略好于第 X 号样品"。

大部分羽毛主要通过上海运往德国和丹麦，少部分批次的羽毛被运往美国。

其中英国有个公司在中国的办事处有台液压机。而其他出口商没有这样的设备，因此不得不将货物送到这家公司进行压缩打包。

Yin Yang（阴阳）= 二元创世理论的符号

在中国，符号也可以用作商标。著名的阳阴——由代表阳刚气质的阳和代表娇柔气质的阴组成——就是二元创世理念的代表符号。它可以表示一些相对冲突的事物，例如太阳和土地（月亮）、火和水、或天和地。

而佛教符号无穷结，代表着长寿，类似于"寿"符号。也有一个商标代表着幸福（福）。

Fu = 幸福

Chang = 无穷结，
长寿的生活，一
个佛教符号

105

来自华南的货物（羽毛）

很久以来，华南的羽毛经销商们喜欢把他们的办事处设在离广州不远的佛山，就在西江边上。到了 20 世纪后，有些羽毛商也把公司设在香港。他们的影响力越来越大。他们不仅从中国大陆，还逐渐从中国台湾、印度支那（泛指越南、柬埔寨、老挝等国）、暹逻（现泰国）和新加坡等地购买羽毛原料。在香港的西点（West Point）市场（Nam Paak Hong）——一个成熟的羽毛原料中心市场，羽毛经销商们购买来自上述地区的羽毛产品。华南地区对羽毛的精加工处理与上海不同。经销商们自己在广州和香港的港口贸易区分拣羽毛，将它们混合在一起达到固定的质量标准，即保证达到所谓的"华南"标准。保证的内容是：除灰后减重不超过 30%；鸡毛含量不超过 5%。当然，那时是不会有认证证书的。随后羽毛打包成 90 千克的大包，再运往出口公司。

与今天类似，当时的华南市场上主要是灰鸭毛，以及少部分鹅毛。通常，产自广东省的浅色灰鸭毛的标准代号是 AAA，产自广西省（南宁市）的深灰色鸭毛的代号是 NN。这两类羽毛占华南羽毛产量的 80%。此外，还有来自西南地区贵阳和北海附近的较少量的顶级黑色羽毛（其中很大比例是羽绒），其鸡毛的比例仅占总量 1% 或 2%，这些毛的代号分别为 KY 和 BP。汕头地区出产少量上好品质的深灰鸭大羽毛，以及银灰色的鹅毛，代号为 GRE，后来改为 ERE 和 GRG。

最终这种质量标准的产品用于专供英国市场，但是其组成比例出现了很大变化，即添加了 30% 到 35% 的鸡毛。这使得产品的价格明显降低。

为了保证遵从质量标准，人们最终发明了特定的贸易名称，并且越来越多地被用来区分不同的种类标准，如 HE 用来表示浅色鸭，DE 用来表示深色鸭。

在装船之前，会从每批产品的几个大包中取一些羽毛做样品。为防止取样后调换，每个包上会用墨水留下印迹。通常会完全打开一个或几个大包来检查里面的货色和取样。

如发现与标准不符，客户要么拒收，要么立即重新与经销商协商较低的价格。客户在接到发货单的同时，还会收到样品的检查结果报告。

An interesting detail:

China is not only a country where duck breeding has been known for a long time, it is also the first country in which payments were made in paper money. Documents prove that paper money was in use already around the year 1000.

一个有趣的细节：

中国不仅是目前已知养鸭历史最悠久的国家之一，它还是第一个使用纸币的国家。有文献证明，纸币在公元 1000 年的时候已经在中国开始使用。

1千克羽毛 72 便士

以下清单列出了 1913 年至 1936 年间羽毛原料平均价格的变动情况〔单位是 Marks（马克）或 Reichsmarks（德国旧马克）/每千克，欧洲港口到岸价〕。

	华南鸭毛	华北鸭毛	华北白色鹅毛
	最高 30%杂质	最高 10～15%杂质	10～15%杂质
1913 年	1.50		
1921 年	1.26	1.36	3.18
1922 年 5 月	1.75	2.30	
1923-1924 年	2.70～3.00	3.46～3.80	
1925-1929 年	2.48～2.78	3.83～4.10	5.40～6.15
1932 年 12 月	0.76	1.25	2.94
1933 年 1 月	—	1.16	2.75
1934 年 12 月	1.15	1.64	2.50
1935 年	0.72～1.22	1.41～1.77	1.80～2.30
1936 年 1 月	0.76	1.36	2.30
1936 年 12 月	1.32	1.93	3.02

中国羽毛产品的包装

第二次世界大战后，羽毛出口与其他出口贸易一样都由中国政府重新组织起来，所以羽毛价格也出现了可预见的波动。经济体制对中国的新社会形态也有一定的影响，而羽毛出口贸易则是经济体制的一部分。当时唯一的出口商是"中国土产畜产进出口总公司"这家国有出口企业。

羽毛生产需经过合作社组织的登记备案。中国政府分几步将不同的经济部门国有化。农业方面成立了合作社。最初时，合作社的成员拥有自己的土地，后来土地被公有化。

这些农业合作社自行负责自己产品的销售。据估计，这样的农业合作社大约有 3000 个。它们是中国整个商业领域的一部分。

If you distrust a person, don't employ him.
If you employ a person, then don't distrust him.
Chinese saying

疑人不用，用人不疑。

中国格言

在中国有数不清的方言。例如上海、汉口、重庆的汉语发音就有很大不同。因此，即使属于一个国家，中国的北方人和南方人可能很难听懂对方的话。这也是中国的一个特色。

脸面
有充分的理由相信，最初"脸"一词单指的是相貌，后来它才涵盖了其他寓意。

脸面一词同时也有名誉、面子的意思，这揭示出当我们想表现出优越感时，有多么需要依赖面子。了解汉语"脸面"一词含义的人，无一例外地会为它也含有英语中的"reputation"（名誉）一词的意义而感到吃惊。中国的演员很会做出失去、得到、保持体面和更有荣誉感（面子）等表情。不为外界批评所动、固执己见、不知羞愧的人在英语中称为"thick-skinned"（厚脸皮），而在汉语中也有对应的词"脸皮厚"。汉语中的"脸面"一词有两种含义，分别指"脸面"和"面子"。第一个含义相当于英语的"respectability"（体面），第二个则类似"honor"（名誉）或"renown"（名气）。比方说，一位值得尊敬的商人在他客户的眼中是很"体面"的。但是如果自己的名字能出现在《北京公报》上，从而做到全国闻名的人，则是很有"面子"（名气）的。在英语中，我们是否能区分一个普通公民的好声誉和对一个名人的特殊尊敬呢？今天野心勃勃的美国人发现他们正处于和中国一样的矛盾中：一个人愿意牺牲多少的"体面"来获得更多的"面子"（名气）。

同样，在羽毛业中也是很需要"脸面"的。如上所述，羽毛原料的收购、加工成填充用的羽毛，以及最后填充到床垫和枕头内出售，都是一个真实的诚信问题，而这也代表着企业的脸面和面子。

Who opens his house to ambition,
Shuts it to peace.

Chinese proverb

怀有抱负的内心不会平静。

中国谚语

　　在中国台湾从事羽毛出口的是一些特殊的
公司。随着人口和经济的稳步增长，家禽存栏
数和羽毛产量也不断增加。在过去的几年间，
这些出口公司完成了现代化，购买了设备进行
初步的预处理工作，例如将羽毛除尘和混合在
一起。目前，它们能做到为了迎合消费国不断
变化的需求而改变自己，如提供半加工产品和
其他类似的要求等。每年台湾品质良好、可供
出口的羽毛原料数量达到了 1500 吨。其中一半
运往美国，另一半运往欧洲国家，还有一小部
分运往澳大利亚和日本。

中国的灰鹅像著名的长城一样典型，
后者是世界上最大的文化丰碑。

上页的素描是作者是威利·施密特·利布，
是他关于长城的画作的一部分。

中国灰鹅

b) 东南亚的其余国家或地区

用一首诗作来描绘富士山景

泰国的整个鸭毛出口生意由一家公司操持。每年的出口量约为1000吨。出口的对象主要是西德和美国，还有一部分运往澳大利亚和新西兰。从生产者手中收购羽毛的工作由各省的采购人员完成。

泰国羽毛总产量的大约60%来自农家，40%来自养鸭场。由于鹅毛的产量极低，所以没有这方面的贸易。

在世纪之交时，中国的羽毛分拣工作仍由手工完成

D. 其他国家或地区

从数量上看，上述国家以外的其他国家的羽毛贸易规模都不大。只有美国是个例外，它从很多个羽毛出产国进口了大量的羽毛，并在国内市场上销售。此外，美国自己每年还出产大约 1300 到 1400 吨的鸭毛和 50 到 70 吨的鹅毛。这些羽毛部分供出口。出口的羽毛原料各种类型都有，包括美国本土生产的羽绒，具体见下表（单位是 1000 磅）：

年份	1968	1969	1970	1971	1972
出口总额	962	1315	1297	721	969
加拿大	99	111	303	116	212
英国	120	145	99	87	96
比利时	128	118	28	33	6
西德	120	303	322	136	113
法国	37	39	161	33	52
日本	47	125	142	46	189

美国是唯一一个拥有与羽毛市场媲美的公共交易场所的国家，那就是每 3 或 4 周举行一次的设在布鲁克林区的拍卖会。来自长岛、组成合作协会的农场主们在拍卖会上出售羽毛。这些羽毛都经过了特殊处理，均匀一致，几乎达到了标准品质。后来，这些拍卖会被买方和卖方之间所达成的简单书面协议代替。

此外，在 1960 年以前，用过的羽毛或陈年羽毛贸易也扮演了相当重要的角色。有很多商业公司购买废品经销商收购的旧坐垫或枕头。旧坐垫中的填充材料取出后，分成不同的品质，并且将羽绒分离取出。然后再将羽绒和毛片出售给羽毛加工厂，在那里与新羽毛加工混合后降低价格出售。但现在回收旧枕头的成本太高。此外，由于各种法律规定的限制，回收利用废旧物也变得更为困难。在邻国加拿大，也有一些商业公司使用来自零散农场的羽毛。加拿大每年鹅毛和鸭毛的总产量大约为 60 到 70 吨，其中一半供给了国内市场，另一半则出口给美国。正如美国一样，更多的鸡毛和火鸡毛产量主要用于生产动物饲料。

其他地区中值得一提的还有格陵兰岛，它的羽毛贸易有其独有的特点。格陵兰岛并无养禽业，它的羽毛产量来自无组织的海鸟羽毛收集，包括海雀毛、野鸭毛或海鸥毛等。由于收集羽毛的地方都是不容易到达的地方，且鉴于格陵兰岛的经济正在快速工业化，所以那里的羽毛和羽绒的产量正在下降。笔者推测再过 10 年到 12 年左右，那里的人们会完全停止采集羽毛。

格陵兰岛皇家贸易部从各个小村镇收购人们采集到的羽毛。所有收购来的羽毛随后运往纳诺塔利克——南海岸的一个小镇。在那里羽毛被打包成100千克的麻袋。1964年时，羽毛的产量还有15000千克，到了1973年，下降到了仅有大约6000千克。

格陵兰岛欧绒鸭绒的收购过程与其他鸟类羽毛类似。收购到的欧绒鸭绒运往乌佩纳维克——北方的一个小镇。在那里手工分拣后装入10千克大小的袋内。1964年欧绒鸭绒产量大约为250千克，从那之后也开始下降，到1973年时，已经只有100千克。格陵兰岛羽毛的最重要买家是西德，其次是英国和丹麦。

附近冰岛的人们只采集欧绒鸭绒。很久以来，冰岛每年出口的欧绒鸭绒量维持在600到1000千克之间。另有同样数量的欧绒鸭绒供应给国内市场。

一个农夫买回了一只雄纠纠的年轻公鸡。它趾高气扬地在母鸡们面前高视阔步时，一只老公鸡走了过来，和蔼地说："很高兴您能来。我只有一个愿望：希望您能给我留些母鸡，让我安度晚年。""不"，小公鸡回绝道，"我是新主人，我不喜欢和别人分享。""既然如此，那就这样吧：我们来个跑步比赛，如果您赢了我就退出。"老公鸡拔腿跑了起来，年轻的公鸡紧紧跟在后面。忽然响起了一声枪响。年轻的公鸡倒地死去了。"真奇怪"，农夫说，"我这个月怎么连买了十五只同性恋公鸡。"

油画《农夫的妻子》
威利·施密特·利布绘
收藏于伍兹堡市美术馆

E. 进口商的角色

羽毛进口商实际上有两种。一种是将进口的羽毛直接出售给客户，而另一种，则将不同来源的羽毛混合在一起，出售给有需要的买家。

打个比喻，进口贸易的作用类似于桥梁，将羽毛出产国与消费国市场连接在一起。在羽毛贸易中，这一比喻适用于作为消费国的德国、奥地利、瑞士和作为出产国的东南亚和东亚各国以及部分东欧国家，在某种程度上，美国也是出产国。进口贸易的任务是不间断地为羽毛行业提供原料。例如，德国在进行羽毛原料进口贸易时也储存羽毛，以免羽毛业受羽毛原料漫长交期的影响。由于海外羽毛的运达通常需 3 或 4 个月的时间，羽毛库存因此具有了一种非常重要的调节功能。比如说，有了足够的库存，因汇率波动导致价格不稳定的情况可以得到缓解。传统上，进口商还有一个任务是为客户减少质量风险。在大多数情况下，进口商会通过递交跟单信用证的方式为购买进行提前融资。有些情况下，可根据要求设定交付期限，此外，当加工厂购买原材料时，进口商还能提供一些优惠。

通常来说，羽毛原料进口商购买大量的商品时，会有价格优惠，也就是说他能以较低的价格购买商品。因此也能为厂商以较低的价格提供羽毛原料。当价格处于上涨趋势时，这一优惠不一定表现为价格的绝对降低。不过因这一优惠使上升的原材料价格表现为不变，对客户来说就已经足够了。在羽毛原料交易中，缺乏客观的质量标准，羽毛行业必须依靠进口商对进口产品的质量进行初步的控制。这包括对非标准化羽毛原料的检查和评估，以及对标准化羽毛原料的监管。尤其是非标准化羽毛原料，有时生产者和厂商会对羽毛的分级意见不一。如有必要，此时进口商会提供帮助和建议，他们对合同双方所在的领域都有较深的了解和经验，有能力做出这样的帮助和建议。

羽毛原料进口商的最根本作用是与东亚建立了商业关系。他们同时也是该地区的出口商，这使得他们对那里的特点和情况有非常深的了解，也只有如此他们才能起到桥梁的作用。向东欧和东南欧的贸易扩展是第二次世界大战期间及之后发展的结果，至少对于德国的进口贸易来说如此。

出口国国内市场对于羽毛原料的高需求，仍在不断增长，这对于进口国来说是个越来越大的问题。为满足羽毛原料的需求，未来恐怕不得不与新的供应源建立长期的合作关系。为寻找并开发新的供应源，进口贸易商们也因此有必要建立统一的组织。

尽管目前羽毛原料进口商们之间存在激烈的竞争，但他们目前的工作和共同面对的、未来不得不克服的困难使得他们仍然是同一战壕内的战友。

早期贸易中，称重是贸易的典型度量方式。秤砣的形状通常制作成某种形状。左侧插图显示的是以古代亚洲鸭子形状为造型的秤砣。在秤砣上面标有很多楔形文字，大致讲述了这一形状的来源。象形文字通常用于歌颂帝王，与之形成对比的是，楔形文字通常用于商业贸易。

照片为：巴格达博物馆中刻有楔形文字的石头，选自 1969 年罗兰·格克（Roland Göock）的作品《世界之谜》（The Great Riddles of Our World）

鹿特丹港素描画

二、世界羽毛贸易规模

1969 年世界羽毛原料贸易（单位：1000 千克）

出口国/地区　　进口国/地区	阿根廷	比利时-卢森堡	保加利亚	中国内地	丹麦	德国（西德）	德国（东德）	英国	法国	中国香港	印度	爱尔兰	以色列	意大利	日本	南斯拉夫	加拿大	韩国	马来西亚	尼泊尔
比利时/卢森堡						68		6	21											
丹麦			320	340		108		25	34	50				41	10				20	
德国（西德）		215	12	3302	121			339	1398	149		13		146	10	1005	11		82	
英国		21		86	264	65			201	84		111		8		1	103			
法国		129		179		172	654	443		12*		10		307		62		5*		
爱尔兰		8**						80												
意大利				1		4			84											
日本				974	9	10				91	88		1							53
加拿大				3						123				1		2				
荷兰		2		106		44			7	5				1	3		1			
挪威			104			20								3						
奥地利		148		371	47	257	20	18	65					26		238			20	
瑞士		16		240	2	16			238	7				10			6		1	
瑞典				11					12											
美国	4	3			2	36		8	541	4	5	1	4	51		121	46		11	
总计	4	542	436	5613	445	800	674	919	2601	525	93	135	5	594	17	1429	167	5	134	53

* 这 3 个国家／地区同属于一个贸易联盟

** 不能划分的共同市场国家

汉堡

1969 年世界羽毛原料贸易（单位：1000 千克）

鹿特丹

出口国/地区 进口国/地区	荷兰	奥地利	波兰	葡萄牙	罗马尼亚	瑞士	新加坡	南非联邦	南越南	瑞典	中国台湾	泰国	捷克斯洛伐克	匈牙利	苏联	美国	其他	进口总量
比利时/卢森堡	4	8			43	3	2				3					40		198
丹麦					290		6		2	96	30	11		105				1488
德国（西德）		7	642		481	27	187		147		333	95	90	422		170		9398
英国	370		6			1	42			26	73		173	3		73	17	1728
法国	290		392		192	49	5*		43		48		64	219		175	81	3531
爱尔兰																20		108
意大利											1					12	1	103
日本	32							55	65		1218				8	203		2807
加拿大			1				3				31					50	11	207
荷兰											9					11		189
挪威				1														128
奥地利			1		16	13	17		5		43	50	2	220		69		1646
瑞士		15	1		121		3		20		41	10		70		2		819
瑞典			65								3			51				142
美国	1		263		62		88		105		575	304	20	25			5	2285
总计	697	30	1371	1	1205	93	353	55	387	122	2390	470	349	1115	8	825	115	24777

117

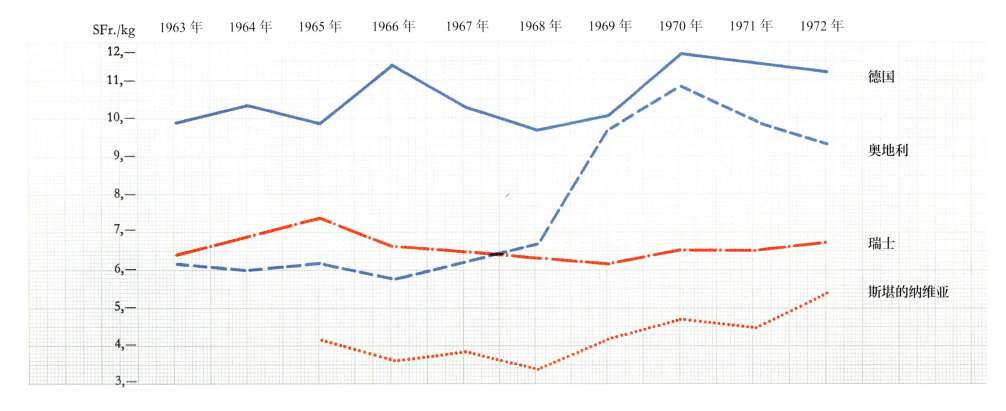

1963 至 1972 年重要消费国家进口均价（瑞郎／千克）

德国

奥地利

瑞士

斯堪的纳维亚

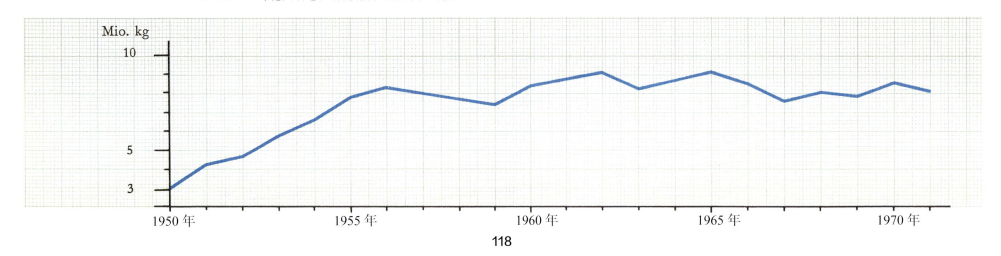

1951 至 1971 年德国羽毛、羽绒成品产量（百万千克）

1952 至 1972 年部分东欧及东亚标准质量价格变化（德国马克 / 千克）

匈牙利 I a

匈牙利 I b

波兰标准 A

匈牙利 Ia/Ib

DM

28,—
26,—
24,—
22,—
20,—
18,—
16,—
14,—
12,—
10,—
8,—
6,—
4,—

1952 年　1954 年　1956 年　1958 年　1960 年　1962 年　1964 年　1966 年　1968 年　1970 年　1972 年　1973 年

1900 年至 1970 年德国羽毛原料进口

A compromise is the art of dividing a cake so that everyone believes he has got the largest piece.

Ludwig Erhard

妥协的艺术：让所有人都相信自己得到了最大的一块蛋糕。

路德维格·艾哈德

德国羽毛原料进口（单位：1000 千克）

生产国家和地区	1900 年	1910 年	1920 年	1930 年	1940 年	1950 年	1960 年	1970 年
比利时	91.0	57.5	—	62.1	37.2	88.1	170.8	13.6
保加利亚	—	—	—	—	73.5	—	74.2	
中国大陆	2722.3	3516.0	741.4	1372.2	30.4	953.6	2255.9	2973.8
丹麦	—	140.0	—	63.6	64.2	295.4	193.2	113.0
法国	509.0	650.0	—	684.1	—	2116.9	1954.1	1299.1
英国	478.1	339.9	—	73.7	—	430.2	237.9	301.7
中国香港	239.4	—	—	—	—	21.6	382.3	101.8
爱尔兰	—	—	—	30.3	—	153.8	39.3	9.9
以色列	—	—	—	—	—	—	29.7	
意大利	132.5	75.3	—	107.9	414.3	526.9	373.4	78.1
日本	141.2	84.5	—	38.0	—	—	52.1	4.6
南斯拉夫	—	—	—	102.5	1247.3	155.3	279.5	1054.1
加拿大	—	—	—	—	—	13.0	54.4	17.0
马来西亚	—	—	—	—	—	—	—	47.5
荷兰	—	—	—	34.4	48.5	319.8	554.4	281.0
波兰	—	—	771.9	752.0	526.9	94.5	586.6	637.1
罗马尼亚	—	—	—	262.1	740.6	21.1	839.5	334.7
俄国—苏联	1503.6	830.3	—	943.9	294.3	—	—	8.8
瑞典	—	—	—	8.2	1.0	9.9	—	—
瑞士	—	—	—	9.5	—	0.6	14.0	65.7
南非地区	—	—	—	—	—	—	5.4	10.4
新加坡	—	—	—	—	—	—	—	272.7
中国台湾	—	—	—	—	—	—	329.7	245.2
泰国	—	—	—	—	—	—	176.7	211.4
捷克斯洛伐克	—	—	708.6	441.6	25.8	71.8	274.0	70.0
奥匈帝国	3672.6	2821.7	+	+	+	+	+	+
a）奥地利	—	—	393.7	41.6	—	—	2.3	14.2
b）匈牙利	—	—	438.3	1482.7	2212.0	482.2	581.8	427.1
美国	207.3	88.0	—	384.3	—	58.1	487.9	174.3
北越南	—	—	—	—	—	—	84.0	159.9
南越南	—	—	—	—	—	—	374.8	—
其他国家和地区	—	—	479.6	—	10.0	5.3	27.1	16.5
总价 四舍五入	9830	8690	3530	6990	5730	5810	10435	8930

The familiar saying in eastern Europe "Buy no salt, before you haven't licked of it" is especially of value in the figurative sense, presumably also in the international feather trade.

在东欧，人们常说"买盐之前一定要尝尝味道"，这句话从比喻意义上来讲是非常有价值的，大概也适用于国际羽毛贸易。

德国（西德）羽毛原料进口及不同供应国家和地区在不同年份中的份额

	1973年数量（吨）	价值（1000 DM）	数量（%）1973	1971	1970	1968	1963	价值（%）1973	1971	1970	1968	1963
A. 法国	1399.4	12665	14.8	13.0	14.5	15.4	22.6	12.6	14.6	14.7	15.2	25.3
比利时/卢森堡	3.9	33	—	0.2	0.2	0.3	0.8	—	0.3	0.1	0.2	0.2
荷兰	224.4	1416	2.4	2.3	3.1	2.1	4.3	1.4	1.4	1.5	1.3	2.5
意大利	80.9	1234	0.9	0.9	0.8	1.3	2.5	1.2	1.6	1.3	1.7	2.5
英国	254.6	1717	2.7	2.6	3.4	3.0	2.6	1.7	1.9	2.4	2.2	2.1
冰岛	0.6	149	—	—	—	—	—	0.1	0.1	—	0.1	0.1
爱尔兰	8.3	95	0.1	—	0.1	—	0.4	0.1	0.1	—	—	0.4
丹麦	57.2	483	0.6	1.8	1.3	1.4	1.5	0.5	0.7	0.8	1.3	1.6
瑞士	14.1	201	0.1	0.4	0.7	0.2	0.4	0.2	0.3	0.8	0.1	0.5
挪威		18			—					—		
奥地利	21.9	353	0.2	0.2	0.2	—	0.1	0.4	0.1	0.3	—	—
葡萄牙	5.7	39	0.1	0.1	0.1	—	—	—	—	—	—	—
西欧	2071.0	18403	21.9	21.5	24.4	23.7	34.9	18.2	21.1	21.9	22.1	35.1
B. 南斯拉夫	1046.2	16872	11.1	12.4	11.8	7.6	6.1	16.7	19.8	18.6	11.5	11.5
波兰	617.8	11068	6.5	5.2	7.1	8.2	5.1	11.0	9.3	11.7	13.0	8.6
捷克共和国	231.0	3042	2.5	0.9	0.8	1.3	2.0	3.0	1.2	1.1	2.0	1.3
匈牙利	563.3	9148	6.0	5.3	4.8	4.9	3.5	9.1	7.5	7.1	8.1	5.1
罗马尼亚	388.2	3855	4.1	3.7	3.7	5.0	3.7	3.8	3.6	2.9	5.3	4.1
保加利亚	0.4	12	—	—	—	0.8	0.3	—	—	—	0.5	0.5
苏联	28.2	359	0.3	0.1	0.1	0.1	—	0.4	0.1	0.1	0.2	—
东欧	2875.1	44356	30.5	27.6	28.3	27.9	20.8	44.0	41.5	41.5	40.6	31.0
C. 泰国	144.9	2113	1.5	1.3	2.4	0.7	1.1	2.1	1.3	1.6	1.0	1.0
北越南	163.8	971	1.7	1.8	1.9	0.8	0.9	1.0	1.0	0.9	0.5	0.5
南越南	22.0	74	0.2	0.1	—	0.8	2.0	0.1	—	—	0.4	1.5
中国大陆	3173.3	26695	33.7	34.4	33.3	36.2	30.0	26.5	25.9	25.7	28.4	23.0
中国台湾	456.2	2818	4.8	6.6	2.7	4.9	3.6	2.8	2.7	1.8	3.0	2.7
中国香港	274.9	2528	2.9	1.9	1.1	2.1	1.5	2.5	2.0	1.1	1.5	1.1
日本	4.7	67	0.1	—	—	—	0.3	—	—	—	—	0.3
马来西亚	10.2	50	0.1	0.5	0.5	0.4	—	—	0.2	0.3	0.3	—
新加坡	147.6	990	1.6	3.0	3.1	1.2	—	1.0	2.4	2.4	1.0	—
朝鲜	11.1	75	0.1					0.1				
亚洲	4408.7	36381	46.7	49.6	45.0	47.1	39.4	36.1	35.5	33.8	36.1	30.1
D. 美国	68.0	1368	0.7	1.2	2.0	1.1	4.4	1.3	1.7	2.4	1.0	3.2
加拿大	13.2	183	0.2	—	0.2	0.1	0.4	0.2	0.2	0.3	0.2	0.4
南非联邦	2.7	179	—	0.1	0.1	0.1	—	0.2	—	0.1	—	—
其他	83.9	1730	0.9	1.3	2.3	1.3	4.8	1.7	1.9	2.8	1.2	3.6

三、主要消费国家

a）德国

是谁第一个想到用家禽羽毛来填充床罩做成被子，从而"发明"了羽毛填充的被子，已经无从得知了。当然，他肯定在比较寒冷的气候下生活。在简陋的环境中取暖，无疑是最初催生出羽毛填充被子的主要原因。

实际上，这个原因导致了羽毛被的传播范围受到限制。羽毛被的流行地区在北欧，换句话说，在斯拉夫语族和日耳曼语族的范围内。在这一地区，由于其冬季十分寒冷且温度变化几乎不受经度的影响。因此不同类型的羽绒被充分满足了保暖的需求。

羽毛贸易从业者总是将德国视为典型的羽毛床上用品消费国家。主要原因是几十年来德国进口了大量羽毛。但大家别忘了德国本身并没有值得一提的羽毛生产，因此进口等同于消费。大部分东欧或东南欧国家的情况则截然不同。虽然我们可以得知羽毛出口的情况，但农村地区羽毛的生产量与使用量是很难准确判断的。因为有一部分是用于农村家庭，所以很难判断确切的数字。

不论价格如何，有意思的是不同国家每人每年的羽毛及羽绒消费范围在几克到大约 150 克之间不等，其中后者的情况适用于德国。原因很简单。至今无可争议的是，羽毛填充床垫是传统类型的床垫。1960 年至 1972 年期间的消费者调查显示，至少 90% 的德国家庭使用的是羽毛填充的床垫或羽绒被。

当然这个习惯是可以用数字来表示的。下列数据详细说明了德国每年消费的加工后羽毛数量。

1951	4290 吨
1956	8330 吨
1961	8800 吨
1966	8520 吨
1971	7920 吨

还得加上一定数量的进口成品，在过去的几年里，进口成品毛已经达到每年 1000 吨。但我们现在讨论的商品相对还是比较便宜的。

关于按照国家／地区和时间间隔列出的德国进口的详细情况可参见第 120 页和 121 页中的表格。

Who invented that nice song?
"Three geese brought it across the water,
Two gray ones and a white one."
End of an old folk-song about 1300.

是谁创作了这首好听的歌？
"三只鹅过河，
两只灰色的，一只白色的。"
大约公元 1300 年时的一首古老民歌的结尾。

I went home and slept as if
Angels had swayed me gently.
One rests in German beds so well,
For they are soft feather-beds.

Heinrich Heine
我回到家，入睡，就像天使轻柔地摇摆着我。柔软的德国羽毛被褥令我安然入睡。

海因里希·海涅

虽然 19 世纪的数据已不可考证，但是大量工厂以及这些工厂的建立日期说明今日的情形与当年是相似的。德国最古老的工厂建立于 1836 年，这一点今天仍然可以查证。当时的羽毛加工不过是干式除尘和拼堆。其他公司的建立日期也晚不到哪里去。

1909 年的《动物防疫法》规定加工进口的家禽羽毛需要许可证（防疫局的特别许可证）。只有在主管机构确定申请许可证的加工公司符合特定要求后，主要是关于洗涤和使用高温蒸汽处理羽毛方面的要求，才会将此许可证授予这些加工公司。这些要求也记录在 1932 年首次编纂的德国 RAL 法规中。1970 年对这些指令进行了进一步的修订。目前生效的版本是 RAL 092 A2。最重要的是，这些法规规定了允许进行贸易的不同种类的羽毛名称。

1. Was sind und was bezwecken di RAL-Vorschriften ?
Die RAL-Vorschriften sind Rechtsregeln (Usancen), die nach Abstimmung unter den interessierten Kreisen (z.B.Einzelhandel. Verbraucher- und Hausfrauenverbände. Industrie- und Handelskammern. Industrie usw.) schriftlich festgelegt wurden.
Sie sollen besonders die Bezeichnungen, unter denen Fédern/Daunen verkauft werden, regeln.Damit dienen sie der allgemeinen Marktsicherheit und verhindern Irrtümer und Täuschungen.

Die ersten RAL-Vorschriften für Bettfedern stammen aus dem Jahre 1932.RAL ist eine Abkürzung und bedeutete ursprünglich Reichs-Ausschuß für Lieferbedingungen.

2. Wonach richtet sich die Bezeichnung für Federn?
Es sind 2 Merkmale, die darüber entscheiden, wie eine Feder/Daune im Verkauf bezeichnet werden darf:
Einmal kommt es darauf an, ob es sich um eine Originalware handelt oder nicht

und

zum zweiten ist entscheidend, wie hoch der Anteil an Daunen ist.
Als Originalware ist jede neue Ware anzusehen, die noch nicht für einen anderen Zweck verwendet worden ist.

3. Wie geht ein Verkäufer am besten vor?
a) Zuerst stellt er fest, ob eine Originalware vorliegt
Hinweis: Der Anteil an Huhn, Bruch, Flug usw. darf nicht über 5 % liegen.
b) Dann muß festgestellt werden, wie hoch der Anteil an Daunen ist.
(Der Verkäufer kann sich hierbei im allgemeinen auf die Angaben in der Lieferantenrechnung verlassen)

Bezeichnung im einzelnen
Ist festgestellt, daß eine Originalware vorliegt, dann sind folgende Bezeichnungen zulässig:

	bei	100 %	Daunenanteil	Original reine Daunen
bei mindest.		90 %		Original Daunen
"		50 %		Original fedrige Daunen
"		30 %	"	Original 3/4-Daunen
"		15 %	"	Original 1/2-Daunen
"		9 %	"	Orig. daunenhalt. Federn

Der Anteil an Daunen wird gewichtsmäßig ermittelt. (Bei einer 1/2-Daune z.B. sind gewichtsmäßig 15 % Daunen vorgeschrieben. Der Rauminhalt dieser 15 % ist jedoch etwa so groß wie derjenige der restlichen 85 % an Federn. Von diesem Raumverhältnis 1/2 : 1/2 kommt der Begriff „Halbdaune".
Bei einer Ware, die mindestens noch zu 70 % aus Original Federn/Daunen besteht, sind die gleichen Sortenbezeichnungen zugelassen, allerdings ohne den Zusatz „original". (Hinweis: Der Anteil an Huhn, Bruch, Flug usw. darf aber falls nicht über 5 % liegen).

4. Wann kann der Verkäufer eine Angabe über die Geflügelart (Gans, Ente) machen?
Die Art des Geflügels darf nur hinzugesetzt werden bei Originalware oder solcher, die mindestens noch zu 70 % aus Originalware besteht.
Bei Mischungen zwischen Gänse- und Entengefieder gelten allerdings einige Besonderheiten.
a) Die Bezeichnung nach einer Geflügelart (z. B. Gans) setzt voraus, daß diese Geflügelart vorherrscht, d. h. mindestens 70 % ausmacht.
b) Eine Geflügelart, deren Anteil unter 30 % liegt, darf überhaupt nicht genannt werden.

5. Wie sind Federn/Daunen zu bezeichnen, die mehr als 30 % gebrauchte Ware enthalten?
Zwar dürften Federn/Daunen, die zu mehr als 30 % aus gebrauchter Ware bestehen, kaum noch auf dem Markt sein. Wenn das jedoch vorliegt, muß diese Ware als

Bettfedern

oder

Federn

angeboten bzw. bezeichnet werden. Der Verkäufer darf sie aber nur so anbieten, wenn Hühnerfedern, Bruch, Flug u. ä. einen Anteil von 30 % nicht überschreiten. Ist dieser Anteil höher, mussen die Federn so bezeichnet werden, wie sie sich tatsächlich zusammensetzten.

6. Welche Besonderheiten muß der Verkäufer sonst noch wissen?
Der Zusatz „rein"
„rein" darf man nur für die Art des Geflügels verwenden(also z.B. „reine Gänsefeder"). Die Ware braucht allerdings nicht ganz, sondern nur zu 95 % aus der genannten Geflügelart zu bestehen

Ausnahme: Zu „federfreien" Daunen darf man auch „reine" Daune sagen (sie muß aber zu 100 % aus Daunen bestehen).
Eine Verbindung des Wortes „rein" mit der Farbe (z. B. „rein weiß") ist nicht zulässig.

Zumischung anderer Bestandteile
Die Verwendung aller RAL-mäßigen Bezeichnungen ist nur möglich, wenn keine fremden Stoffe beigemischt sind (z. B. Spinnfasern).

Eigenschaftsworte wie daunig, flaumartig, mit Daunen usw.
Die Verwendung von Worten oder Wortverbindungen mit Daunen, soweit sie in den RAL-Vorschriften nicht ausdrücklich zugelassen sind, ist nicht möglich.

b）其他消费国家

其他德语国家如奥地利和瑞士的情况和德国类似。这些国家也广泛使用羽毛填充的床垫。然而有趣的是，这些国家的羽毛工业生产开始得相对较晚。奥地利的第一家工厂建立于 1921 年，而据我们所知瑞士的第一家工厂肯定建立于"1900 年之前"。在那之前主要依靠从德国进口来满足人们的需求。从某种程度来讲，奥地利的加工和命名法规与德国的法则相似。这些法规被编纂成"奥地利标准 K3000"并包含详细的定义和术语规则。奥地利也没有规模化的国内羽毛生产，因此主要依靠进口。值得注意的是，在过去的几年里，随着进口量的增加，出口量也十分可观，并且在不断增长。这也许是解释得通的。以下列表中的数字也包括了在运输途中的商品（1970 年后）。

这些数字（以百万奥地利先令为单位）显示了以下变化：

	进口	出口
1937 年	2.8	1.6
1953 年	21.7	0.1
1962 年	58.1	3.0
1965 年	65.8	7.7
1968 年	56.8	5.5
1970 年	134.9	77.2
1971 年	124.3	73.3
1972 年	112.5	63.0

瑞士没有关于羽毛加工的法令，但有"关于羽毛及羽绒申报的协议"。该协议是在瑞士材料控制与研究院的帮助下于 1969 年在圣加仑达成的。对于羽毛成分质量的要求比奥地利或德国要低得多。

由于气候原因，除了批发和出口贸易以外，拉丁语国家的羽毛消费率一直很低。最近，法国的情况出现了可观的变化。本来法国只用卷状的羽毛填充枕。但是现在，由于越来越多的人使用羽毛填充的类床上用品，例如睡袋，法国的人均消费率已经趋近于德国。法国最早的羽毛交易活动可以追溯到 1820 至 1830 年。但这些公司的主要特征还是收集和贸易领域的活动。在意大利也是类似的情况。到了 1796 年，有证据显示有公司参与了国内羽毛交易。1870 年后才有出口记录。最初的羽毛加工出现在 1900 年左右，加工所需的机器是从德国采购的。

荷兰并不是一个传统的消费国家。但最近的发展说明羽毛填充的床上用品，尤其是被子，正开始慢慢占据荷兰市场的一部分。此外，荷兰也有商品命名和加工的相关法规。这些法规记录在《商品价值执行命令（C1-42）》第 14 和 15 段中。

很久以来，羽毛填充的床垫在斯堪的纳维亚国家都具有特别重要的意义。但是除了规定填充弹性的《瑞典标准 SIS 705015》以外，关于羽毛加工和命名的法规并不明确。

直到最近几年，英国和爱尔兰才开始使用羽毛床垫。过去在这两个国家，羽毛只用来填充枕头。但枕头不需要高质量的羽毛。主要用鸡毛，因此价格十分低廉。

和上述的几个国家一样，英国的羽毛原料加工商自 20 世纪 50 年代起数量逐渐减少，他们也必须遵守《英国标准 1425》（加工与控制）以及《英国标准 2005》（遵循《商业表示法》指示的可容许条款）的经营许可及控制法规。

英国加工商的典型特征是他们不只是羽毛工厂，还进行其他大型或小型的后整理工序。由于英国国内生产规模不明确，我们无法获得英国消费率的相关可靠数据。但通过计算羽毛原料进出口数据的差值，来估计英国的消费规模是可行的。但这些出口数据可能也包括其他内含羽毛或由羽毛制成的商品（具体以吨为单位）。

	进口	出口	差值（可能的消费）
1968	1798	893	905
1969	1701	813	888
1970	1104	663	441
1971	1358	359	999
1972	1650	409	1241

上述计算还必须加上国内生产的羽毛。这部分的产量可能达到每年大约 4000 吨鸡毛。对于国内生产的鸭毛消费也在增长，但无法准确确定其规模。

在美国，由于美国人睡眠习惯的特点是盎格鲁 - 撒克逊传统，羽毛也主要用于靠垫和枕头。但是美国北部和加拿大的冬季漫长又寒冷，所以这是一个奇怪的事实。他们之所以不太使用靠垫和枕头以外的羽毛床上用品，可能是因为美国的农业企业形式不利于生产羽毛。畜禽饲养需要农民投入大量精力亲力亲为，机器主导的美国农业没有太多余力。这种情况到了较晚的时候，特殊家禽农场出现时才有所改观。从那以后，除靠垫以外的羽毛用途开始增长。理所当然的，羽绒被在北美地区和床垫一样非常流行。

美国同样也有关于名称及公差要求的法规（《1971 年羽毛及羽绒产品行业指南》）以及关于特定控制的法规《联邦标准》第 148a 条。

近来，羽毛被褥在某个羽毛被褥出现得相对较晚的国家变得越来越重要。这个国家就是日本。进口数据无疑是最有力的证据。至于南半球国家，在被褥中使用羽毛的情况，显然我们就不得而知了。

第七部分：加工

一、产品与先决条件

我们对于自然的理解一直在不停地变化。我们的生活和工作都在不停地变化。只要我们活着，这种持续不断的变化就会永远存在，使人类成为更大的统一体中的一员。自然是我们所理解的空间和时间链条中的一环。当然，农民和家禽饲养者有他们自己的年代学。自然的标志是冬夏轮回、寒暑交替，简而言之，是一年的历程。自然决定了播种和收获的时间，以及牲畜和家禽育种的恰当时间。在家禽饲养中，天气仍然对饲养幼禽起着重要的作用，而实际的生产对象——羽毛——只在数量上会受到天气的影响。

Jewol ein jeder in allen dingen/seinen eigenen Nutzen suchet/vnnd sich bemühet zu der höchsten vollkommenheit/so viel ihm müglich/zu erlangen: so wirdt doch ein frommer bescheidener Haußvatter/sich an dem wissen zu benügen/was jm von der milden Hand vnd der Gnaden Gottes wirt bescheret: vnd von seiner freygebigkeit zu grossem danck annemmen/ein solches Ländlin/ein solch Gütlin/sampt desselbigen gelegenheit/wie es jm zukommet: für gewiß wissend/daß die wahl vnd die ewige geniessung/bey jm nicht stehet/eben so wenig/als das Reich vnd Keyserthumb bey den Fürsten vnd Potentaten.

Derhalben/ob schon das Ort seiner Geburt/oder diß Land/da er erblich eingesessen/oder welches er erworben vnd an sich gebracht/von art nicht so gar gelegen/bequem vnd köstlich ist/als ers jm wol wünschen möchte. Jedoch/sol ers jm durch embsige arbeit so fleissig verbessern/daß es jm zur Nahrung vnd vnterhaltung seiner vnd der seinigen/vnd auffbringung seines Meyerguts/mag genugsam sein zu geniessen.

Wenn ich aber allhie vnterstehen wolte/ein solch gelegen Ort zum Meyerhof fürzumalen/welches gar vollkommen vnd vnmangelhafft seye/thät ich warlich vnweißlich. Diß ist wol war/

A   wo

"The plow is the beginning of all arts."
"犁是一切艺术的开始。"

总的来说，羽毛具有无法改变的特点，这些特点取决于品种、气候、国家，甚至家禽生长的地区。人类通过自己的智慧，为达到自身目的对世界进行了机械化的改造，成功地摆脱了许多限制和自然障碍。饲养生产和羽毛工业加工都已经开始使用机器。

羽毛是在工厂内加工的。这样的设施加上所有机器和其他设备，能够影响自然。机器可以夜以继日地工作，它们不需要休息。

Das erste Buch Petri de Cresten-
tijs/ Von dem Feld vnd Ackerbaw/ordentliche anstellung eines Meyer oder Bawernhoffs

Das erste Capittel.

Gelegenheit eines Meyer oder Bawernhofs/sampt seiner Zugehör.

1. 公司代表了商人的形象

"In bed many sins are still committed,
But much good is done, too, below the covers."
"Doctrine" of a German bedfeather producer
"床铺之上诸多罪孽，被褥之下亦有善举。"
一名德国羽毛生产者的"教条"

每一个商业企业的建立都是一场冒险，不论它从事的是漫长加工事业的哪一个环节。每一位开始这场漫长而冒险旅途的羽毛收购人，都需要足够的勇气和毅力去成长为一名企业家。他们不得不过上两种截然不同的生活：成为企业家之前的生活和成为企业家之后的生活。这是两种拥有完全不同规则的生活。同样的情况也适用于变成制造商的零售商。

但无论多大胆的企业家，都无法独自经营业务。他需要真诚的合作伙伴，公司里要有合格可靠的协作者，还要有合适的对手，才能采购羽毛原材料和出售羽毛制品。

在羽毛生意中，生意人是不是业主，或其是否亲自履行主管的所有职能，并不是那么重要。和其他行业一样，他必须保证良好的工作效率。

除此之外，他还必须与自己的产品荣辱与共，这是这个特殊行业的特定要求。因为羽毛是天然产品，无法用客观的测量方式和资质证明来保证质量。当然，情感、自信，甚至信任对于该行业的决策，也是非常必要的。因此有一句非常古老的格言：买羽毛就是买信任。

羽毛行业的企业家不应只根据目的、目标和必要性来调整自己的活动。他还必须根据可能不同的原材料产品和成品质量、不同的产量、可能的商品特性及市场需求来调整自己的活动。无论何时何地，羽毛行业都非常幸运地拥有那些来自同一行业的、且有能力不断推动羽毛行业发展进步的佼佼者。

工厂剪影

The two directing incorporators of the International Feather Bureau:

Hans Künzemüller (Germany)— Leo Netter (France)

这是国际羽毛局的两位主要创办人：

汉斯·昆泽米勒（德国）和里奥·内特（法国）

"*A fertile field, a great power, and a great opportunity is time, and he who wants to succeed must use it wisely.*"

Thomas Mann

"时间是沃土，是力量，是良机，渴望成功的人必须聪明地利用时间。"

托马斯·曼

129

2. 过去的羽毛处理方法

在专门的羽毛行业（羽毛需要通过不同的加工程序处理）出现之前，通常人们只能凑合着使用原始的"家庭作坊"方法。

机器对于加工方式的巨大改变可以通过几个例子来说明。在19世纪的法国，羽毛原料上的灰尘是用下列方式去除的：把填充羽毛的麻布袋运到树林中，不断地击打袋子，直到没有灰尘从袋子里出来。

最初人们通过用手在筛网里面缓慢地搅拌羽毛来分离粗泥。然后把羽毛扔进一个又大又深的篓子里。然后用一个切口不锋利的扫帚柄继续以螺旋运动搅拌羽毛，不能碰到篓子的底部。好的羽毛会从篓子里飞出来，据说羽绒是飞得最远的。不好的羽毛会和较轻的尘垢一起留在篓子里。例如，在中国，羽毛原料是手工分拣的。几百个妇女一起坐在大堂里，两边堆起大量羽毛原料。她们把长羽毛、羽轴和异色羽毛从一大堆羽毛中整理出来（第111页）。更先进一些的方法是使用通风机将羽毛吹进一个狭长的房间，然后由熟练工将其细分为羽毛、半羽绒及羽绒（飞得最远）。在使用简单机器的工业革命早期，实际的处理过程包括简单的羽毛除尘。例如，这种早期的设备内有一个装有旋转翼轮轴的密闭箱子。该设备能够使羽毛变得蓬松。箱子底部装有扇叶，通过粗糙的铁丝网将热空气吹进羽毛堆中。灰尘通过一个垂直的管道来分离，管道覆盖着铁丝网，以防止羽毛被吹跑。

为了清洗育肥禽类时弄脏的羽毛，这些羽毛将被收集到麻袋中，放进温肥皂水中浸泡。通过强大的按压和旋转之后，湿羽毛将被扔到篮子里，先用温水冲洗，然后再用冷水漂洗。最后，把羽毛放在阁楼上风干，其间需要反复地耙匀。

如果上述的羽毛已经在使用中且仅仅是变成了团块状，那么只需加热并频繁拍打即可。有时候鸭毛和鸡毛会被扔进满是沸水的桶中，里面会有一些熟石灰。人们认为，在弱碱液中煮沸几次之后羽毛会变得更有弹性。然后用清水进行彻底冲洗并放在烤箱上烘干，其间需要搅拌数次以便水分蒸发均匀。

最早的羽毛加工方法：加热与冲洗

油画 威利·施密特·利布绘，
《威利·施密特·利布画集》

3. 机器加工——羽毛加工发展阶段

　　大约 19 世纪中期，真正的工业加工开始了，也标志着羽毛行业的诞生。几十年来，先进技术的发展创造出了精工机械，从而保证了原材料产品的高效加工。在这个连续性的后整理工序中，第一步是羽毛的初步清理，筛去粗糙的杂质。紧接着是现代羽毛处理工序中最重要的一步——清洗。

　　接下来的干燥程序是先通过离心机，再通过蒸汽干燥机完成的。间接的蒸汽干燥程序可以将羽毛消毒杀菌并恢复自然的形态和原有的弹性。这些羽毛将通过机器进行多次冷却，除尘程序也需重复多次。

　　在分毛机中，羽毛经搅拌器搅拌而变得松软，并由可调整的气流将其分级为大毛片和小毛片、半羽绒和羽绒。

　　基本类型的羽毛通过分离得到，而后经过拼堆"艺术"变成可直接销售品质的羽毛。拼堆的配方基于大量的实践经验，这里就凸显出羽毛熟练工的重要性了。总的来说，这是一个包含许多环节的连续性加工操作过程。

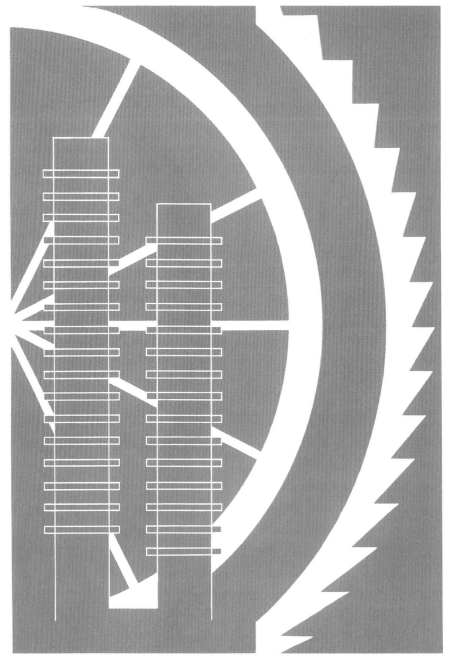

132

羽毛拼堆机

同一时期还实现了以下技术进步：1876年，亚历山大·格雷厄姆·贝尔发明了电话；1877年，托马斯·阿尔瓦·爱迪生发明了白炽灯。

最开始的分毛机是比较简单的，被称为"天鹅颈"。它由数台通风机组成，通风机的末端是宽而平的开口，强劲的鼓风会将羽毛从开口吹出来。为了使从"天鹅颈"中吹出来的羽毛按照它们的大小（重量）落在不同距离的位置，需要管状的狭长空间。

但这些设备无法满足可控的大规模生产需求。该情况通过小型的单厢机得到了一定改善，这种设备效果很好，但操作起来和"天鹅颈"一样太过缓慢。一台单独的水洗机旁边需配置一堆这样的机器。这样的情况促使建造者去寻找更好的方法。在1900年之前，德国已研究出高效的分毛机，这种机器从原理上来讲，至今仍被广泛使用。毫无疑问，在19世纪末，纸制品的生产使得湿洗法的应用逐渐崭露头角，并且越来越广泛。在这期间，使用的机器是"荷兰人"。这是一种能够水平旋转的机器。然而，在造纸行业中表现良好的机器并不意味着完全适用于羽毛行业的发展。从"荷兰人"开始，陆续又出现了圆柱形洗涤滚筒和后来的离心式水洗机。

干净的软水是羽毛成功加工必不可少的条件之一。今天的现代净水设施能够提供品质良好的水，但过去人们只能依靠来自大自然的水。为了说明这个行业机械设备发展的漫长过程，以下两个有代表性的日期值得一提：1877年9月18日，一家位于德国南部的羽毛工厂——施特劳斯公司（Strauss & Co）发明了一台水洗机，获得专利并登记在德国403号专利项下。

另一个稍晚的日期：9522号许可证下的一台羽毛分毛机于1879年9月28日获得专利。专利申请者为L.H.Lorch公司，该公司成立于1877年，是一家专门生产羽毛加工机械的工厂。稍后，康拉德·恩格尔克（Conrad Engelke）和汉诺威（Hannover）公司也发明了受到专利权保护的加工机器。

当时真正的羽毛加工处理水平表现为：几乎所有操作、系统建造的清洗和分离设备均有多种不同的容量。现如今，这些特殊的设备都被直接建造在厂房内。直到最近才开始建造新颖的以电子方式控制的辅助功能组合机械。除机械处理机器以外，还有化学加工设备用于羽毛处理工序，例如羽毛的防腐准备工作、消毒、漂白、染色或浸渍。这些特殊设备主要都是最近几年才发明的，但这也证明了行业的发展具有延续性。

全自动分毛机

In Chicago Mrs.Alberta Brooks accidentally dropped a bedframe on a car parked below her window. She explained: "When shaking the bedding out the window, I shake out the bedframe too. It must have slipped out of my hand."

在芝加哥，艾伯塔·布鲁克斯夫人不小心将床架掉落在了一辆停在她家窗户下的汽车上。她说："当我在窗外抖落我的寝具时，不小心把床架也抖出去了。肯定是我手滑了。"

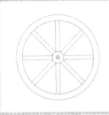

4. 从羽毛原料到填充用羽毛
一份工厂报告

原材料通过火车或卡车抵达羽毛行业的加工厂。大量装有羽毛原料的重 50 千克及以上的麻袋从波兰、匈牙利、法国或南斯拉夫蜂拥而至。从中国进口过来的羽毛到达欧洲港口，它们用钢带或钢丝捆扎，加压打包成 180 千克，或 80 千克。在工厂的仓库里，一名员工记录着已经送达的货物的种类以及到达的时间。

进行初洗的时候，除尘机器的筒仓会自动装载羽毛。羽毛在滚筒筛内部机械地移动着，通过压缩的空气和吸力去除羽毛中粗糙的尘垢。然后羽毛原料通过气动方式直接进入水洗机。

在不同水洗机的装载口处，大量羽毛扬起等待清洗。机器以自动或手动方式装载羽毛。羽毛在特殊的碱水中进行洗涤。在离心机中，羽毛在旋转的滚筒内进行顺时针和逆时针转动，而在圆柱形水洗机中，羽毛则是通过搅拌器被搅动的。当使用圆柱形水洗机时，圆柱形水洗机与干燥机之间会设置一台离心机。在双壁干燥机中，仍然湿润的羽毛会暴露在约 100 摄氏度（212 华氏度）的恒定高温之下。传送带和"挡光板"将货物传送至干燥器。液压自动传动的干燥控制系统管控着该设备的运行。

机械操控清洗步骤的下一步是冷却羽毛。然后再次进行除尘，在某些情况下还要将羽丝绒丝从洗涤和干燥完成后的羽毛中去除。必须对羽毛进行冷却，以确保水分平衡，使分离更加便捷。

现在羽毛原料已经变成洗净羽毛了。但要使其成为可销售的商品，还必须进行最后一次分离，将其分为毛片、半羽绒和羽绒，每一种产品均有其各自的用途。这种现代分毛机的高度大于 6 米，宽度大于 3 米，由多个厢室组成。

利用与分离小麦谷壳类似的原理，最轻的绒丝和绒朵在气流中飞得最远，因此可以在最后一个厢室中找到这些绒丝和绒朵。之前谈及"天鹅颈"时描述过该原理。

经过中间站后，羽毛来到了拼堆区域。在这里，这些羽毛将根据用途、购买者需求、售价或等级按比例混合。此工作可手工完成，或通过八角型圆柱拼堆机或所谓的翼型拼堆机完成。如此混合的目的是按照特定需求获得最佳的定性混合。恰当的羽毛拼堆是根据公司的"秘方"来实现的。拼堆操作完成之后，羽毛在真空室中将通过气动方式装进袋子里，然后或作为库存，或出售，或送往工厂内部的加工车间，加工成为床上用品。

制作羽毛床垫的
崇高艺术

正在工作的
专利拔毛机

一些抓获家禽的新设备

利用高压蒸汽净化和清洁羽毛的新工艺

清洗后干燥羽毛

为获得最佳质量
的床上用品而测
试羽毛

分级羽毛的创意装置

能够高效地将羽毛吹进被壳的复杂机器

威廉·希思·罗宾逊

制作羽毛床垫的高雅艺术

全自动羽毛加工设备

参观完工厂之后，我们来看看销售部门、成本核算部门、财务部门和采购部门吧。紧挨采购部门后面的是一个样品间。原材料货物一到达，就会被送到样品间取样，鉴定批次并检查质量。该工作通常是由一台小型的采样设备完成的，该机器能够检测货物中羽绒和毛片的比例，并且使得检测结果尽可能准确。

专门的杆秤甚至能称出一根羽毛的重量（0.02克）。至此，从精挑细选采购的羽毛原料，到优质、顶级羽毛和羽绒的加工，这漫长的加工流程就结束了。

离心式水洗机

5. 借助化学的帮助：品质

本章基于化学家卡尔·马哈尔·汉高与杜塞尔多夫的研究（《现代家禽羽毛精制》）

虽然作为被褥的填充物，合成材料已经变得十分重要，但家禽羽毛的用量在典型的消费国家中仍然首屈一指。自17世纪开始，特别是自维多利亚时代早期开始，家禽羽毛就一直保持着这样的地位。目前还没有任何产品能够超越这种帮助人们安然入睡的具有宝贵品质的天然产品。但消费者对于羽毛被褥品质和样式设计的需求正在逐渐提高。

随着时间的流逝，原材料本身也发生了一些变化。以前流行的放养已经被养殖场所取代。这不但改变了等级评定率，还在一定程度上改变了羽毛的品质。

所谓的"填充商品"——专业名称是"填充物"——通常需要后处理。化学在这方面发挥了很大的作用。因此羽毛行业与化学这一行业分支变得越来越密切。化学药剂也在持续地发展并带来了持续的帮助，例如：洗涤剂、防静电剂以及最终处理化合物，这些化学剂能够增大羽毛的体积，增强羽毛的清洁度和拒水性处理。

当然，这样的质量改进已经超出了简单除尘即传统加工的范畴。羽毛通常会保留一层天然脂肪和蜡。因此细小的羽枝和羽小枝会粘在一起。此外，羽毛还有特殊的气味，尤其是鸭毛。脂肪和蜡含量会因家禽是否育肥而大幅波动。例如，产自同一国家的鹅毛，其脂肪和蜡含量会有所不同，如下表所示：

样本	以百分比表示的可提取脂肪成分
A	3.51
B	6.42
C	4.07
D	1.78
E	7.07
F	1.88
G	11.65

显而易见，1.78%和11.65%之间的差距是相当大的。符合要求且令人满意的残脂率约为0.8%至1.2%。为了保持或达到这样的残脂率，必须使用特殊的化学产品。

大部分化学助剂要求使用冷水，因此必须在冷硬水中充分生效并彻底清洁，还需具有良好的乳化和分散功能。此外，经冷水清洗后，所有化学品痕迹必须完全消失。脂肪-酒精-乙烯-氧化物缩合产物不仅能够充分满足所有这些需求，还能满足废水净化的需求。

To some people it is incomprehensible that their brain, which consists of billions of atoms, could not recall the structure of one atom…

有些人无法理解：由数十亿原子构成的大脑却无法回忆起一个原子的结构……

虽然白色羽毛在质量上与有色羽毛也许并无太大区别，但白色羽毛的价格更好。因此，整个羽毛行业都竭力想要生产出纯白色的羽毛商品。出于这一目的，有时必须漂白羽毛。稀释后的双氧水就是用来漂白羽毛的。一种方法是当羽毛仍然湿润的时候，将双氧水喷入干燥机中，而另一种方法是直接加入羽毛水洗机中。

机械化加工处理羽毛过程中极其重要的一环，就是防静电处理。这一处理是通过将化学剂喷入干燥机内完成的。此处理方法能够保证干燥后的羽毛更容易被分离。如果不用此处理方法，干燥后羽毛会有静电，而且会粘在分毛机的管道和窗格上，从而使得分毛机的气流情况受到影响并随之发生变化。

同时，化学行业还能解决贮存时失去防静电效果的问题。

为了达到一些应用领域的需求，人们还开发了用于羽毛卫生和拒水性处理的产品。比方对于卫生处理来说，阳离子活跃的产品是很先进的。它们能够很好地粘附在羽毛的角蛋白上，在最后一次冲洗羽毛时添加。由于革兰氏阳性细菌能分解经常散发出难闻气味的汗液，因此这样的方法能够保证羽毛的除臭和卫生处理的效果。

但不恰当的处理会对羽毛造成损伤。已证实在对羊毛的测试中十分有效的 Pauly 试剂（重氮化的磺酸胺）能够轻松地验证化学物质对羽毛造成的损伤。当然，进行这一化学反应的试验是需要足够经验的。

家禽羽毛也用作垫衬物、船用垫、睡袋以及防水夹克、滑雪装备、裤子和手套等服装的填充材料。用普通方式处理后的羽毛不一定适合此类特殊用途，例如因为它们易于吸水。而使用化学处理方法不仅能保留羽毛的天然特性，还有可能产生额外的效果。

贸易和行业中的保守主义者反对使用化学方法处理天然产品。但如果想要保持未来羽毛作为填充材料的重要性，那么为其补充必要的特性以适用各种用途就非常重要了。"根据客户需求填充"是宣传天然填充材料优于人工合成填充材料的最佳方法。人工合成填充材料在市场上的流行可归因于其对于各种用途的良好适应性。

6. 储存与保值

飞蛾——鳞翅类的一种小蝴蝶——可能会对羽毛原料造成威胁。真正危险的是飞蛾的幼虫，它们以羽毛为食，会损害甚至毁坏羽毛。

与之相反的是，经过精制处理后的羽毛无法为幼虫提供充分的食物。这样的"食物"无法帮助幼虫成长。然而进一步而言，幼虫可以以脏羽毛或被汗渍腐坏的羽毛为食。幼虫会吃光羽毛的软羽枝。成年的幼虫还以翅膀羽毛的厚羽枝为食。飞蛾的危害对于成品羽绒寝具来说并不大。羽绒被褥在使用时是不断移动的。此外，被褥外层的棉布壳能够保护里面的羽毛填充物，因为幼虫不吃那些棉布。如果一名客户，尤其是热带国家的客户，希望自己的被褥能够多一些防飞蛾的保护，最好的方法是使用防蛀剂或类似处理方法。可以将这些物质喷洒在羽毛上，也可以添加到洗涤水中。

用过的羽毛是无法"翻新"的。

在一些国家，主要是德国，有一种清洗旧羽毛的方法。这属于商业的范畴。这种在特殊的清洗机器中完成的处理方法并不是真正的羽毛加工过程。在操作过程中，之前使用时被刮下的角质颗粒和破碎的羽毛会被去除。这种处理方法结合蒸汽处理能够延长羽毛的使用寿命。如果要将旧的（用过的）羽毛作为商品重新销售，那么就必须根据国家法规中的明确要求，对旧羽毛进行恢复性的工业加工。

维多利亚时代早期的床

In *"Adventures of a Bachelor"* Wilhelm Busch tells of the many uses of a bed at Verger Pluenne's house:
He lifts the covers of the bed,
the family resting place.
And in the bed so warm and good
one can see a cooking pot.
And as you and I know well
to keep the heat the feathers help.
If the midday meal was much too much
and there are beans and carrots
or beets and such left over quite a lot
one will keep it in a pot
where dear parents go to sleep.
Oh, how warm the feathers keep
both cooking pot and our feet!
And when evening comes around
a nice warm meal can be found!

在《单身汉的冒险》中，威廉·布希讲到了维杰·普鲁恩家中被褥的多种用途：
他掀开床上的被子，
这是一家人休息的地方。
在这温暖、舒适的床上，
有一只煮饭的锅。
您和我都知道，
是羽毛留住了热量。
如果午饭做得太多，
剩了许多豆子、胡萝卜和甜菜，
它们会被保存在锅里，
锅就放在亲爱的父母睡觉的地方。
噢，羽毛不但能温暖我们的脚，
还能保暖我们的锅！
当夜幕降临的时候，
我们就可以享受美好温暖的晚餐！

7. 环境与法规

1. 淡水流入
2. 软水排出
3. 再生排放口
4. 物质交换容器
5. 中央控制排放口
6. 循环设置与水表
7. 人工控制
8. 自动通风
9. 填孔
10. 盐容器

每个国家的羽毛加工、贮存和运输方法都必须遵守特殊的兽医管理条例。这是说得通的，因为必须考虑到原材料中可能存在的细菌。由于加工过程中使用了大量的水，如果这些水回到民用水循环中，则会产生环境问题。当然在洗涤水中发现细菌的可能性是无法排除的。预防起见，谨慎处理废水是绝对必要的。此处理过程必须保证所有可能的病菌均被杀灭，但另一方面，不能扰乱废水再生期间的生物过程。

1964 年，慕尼黑大学著名的德国动物卫生研究所对这个具有重大公共健康意义的特殊问题进行了详尽的实验。总之，科学家发现，比较合适的解决方法是一种氯化物碱液消毒剂（浓度为 1 升水中含有 200 毫克活性氯的次氯酸钠，在 10 分钟的洗涤程序中使用）。这些实验显示这种处理方法能够杀灭所有细菌。废水再生时发生的生物过程不会受到任何损害。如果洗涤设施与下水道系统之间的距离非常短，游离氯必须与二硫化钠结合在一起，这个过程相对比较简单。

据实验结果显示，此处理方法不会损坏羽毛，成本也不会过高。

二、被壳面料

Bed, you are precious, tender and soft,
Bed, nothing equals your downs,
Bed, your sweetness has bewitched me,
Bed, your Linen resembles the white swan.
Giles Corrozet

床，你是如此珍贵、柔软与舒适；
床，没有任何东西能与你的羽绒寝具相提并论；
床，你的甜美令我着迷；
床，你的件套就像白天鹅一样优雅。
吉尔斯·科罗泽

羽毛和羽绒，和它们用棉布或防绒贡缎布做成的被壳，共同组成了床上用品。被壳材料的要求很多，面料应是防绒防毛，同时还应兼顾透气性。乍看之下，这两种要求似乎是互相排斥的。然而通过特殊的编织方法，将交错纺织的棉布作为面布，将麻纱纺成的亚麻布作为内衬，就可以实现这两种要求。面料由长绒棉纺织的优质棉纱制作而成。

顺便提一下，德语"Inlett"（棉布）是德语地区的专用名词。这是一种对于羽毛填充面料的正确表达。这个词来源于低地德语且在德国北部亚麻布贸易中具有重要意义。而基础低地德语"inlat"是动词"inlaten"的一种表现形式，这个动词的实际含义是进入，因此被壳也是为了让羽毛进入的"入口"。

第一种被用作被壳的面料是粗厚亚麻布。这种厚而强韧的布料通常被描述为棉麻粗布。

最早的防绒性是通过在衬布的内侧涂蜡来实现的。这种处理方法使羽毛和空气几乎都无法穿透。当然，这种防绒性会在使用过程中减弱，因此必须时不时地给内衬布重新上蜡。

后来，随着机械织布机和棉纱纺织的引进，交错纺织法开始被用作典型的被壳面料织法。

以前，除了编织以外，面料的染整工艺也是一个巨大的问题。当时的工艺是不可能将这么厚的面料彻底染色的。因此人们开始先给纱线染色。今天的先进技术条件不仅能够给纱线染色，还能给短纤维和布料染色。染色必须满足几个要求：面料不能在日照后褪色，且能够抵抗使用时的拉力磨损和汗渍侵袭。土耳其红和靛蓝是仅有的不褪色的天然染料颜色。因此这两种颜色在数十年内均占据主导地位，直到最近苯胺染料的出现大大增加了抗褪色颜色的数量。在这里必须要提到的是一家著名染织厂于1824年发布的一种用于布料染黑的有趣配方："取一磅填料、三磅木醋酸和三磅陈尿，然后让它们完全溶解。"如果编年史可以相信的话，这样的混合方法可以将棉花粗布染成一种受欢迎的黑色。

甚至据说有糖尿病的染工更容易被聘用，因为糖尿病人的尿液的染色效果更好。

有资料说："土耳其红是最抢手的颜色。还有金色、柠檬色、淡绿和路易莎蓝。"这些颜色是直接染到纱线上的。自1901年开始，出现了色标范围涵盖多种柔和颜色的阴丹士林染料。

必须指出的一点是棉布和亚麻布，最初被称为麻纱的生产、颜色选择和交织等特点，在不同的国家，各有自己的发展规律。

交错编织的典型性：两条平滑的经线轮流穿过一条更柔软的纬线，然后平滑、光亮的经线组成了被壳布的外层，而更柔软、更大量的纬线则变成被壳布的内层。很明显，经纬线的正确交织是非常重要的。因为如果羽毛会钻出来的话，被壳布还有什么用呢？反之亦然，要卖掉一块编织密实但没有吸引力的被壳布得多难啊！

在选择原材料和设置织布机的时候就已经可以决定这批被壳布是否具有防钻绒的效果。编织布料时无法达到的效果是无法通过后处理实现的。

在后整理工序中，首先要对布料做烧毛处理，将微小的表面纤维从面料表面烧掉。用来浸染经线从而使编织过程更加顺利的淀粉需要在这一步骤当中被去除。面料通过进一步的机械处理，来进行最后的"妆扮"。面料通过轧光机进行额外的平滑处理，这个过程类似于熨烫亚麻布。

更精细的纱线是用来生产亚麻布交错编织（最古老的交织线组合）中所用的麻纱／衬布的。这种面料主要用于制作羽绒被。被壳和填充物应互相匹配；填充物越粗糙，被壳布应越耐磨耐用，反之亦然。

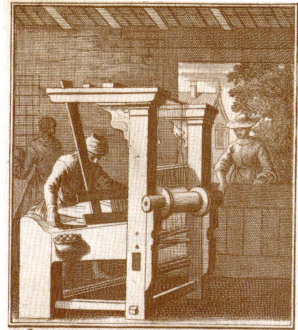

鉴于以前纺织厂仅以米为单位生产商品，且床上用品的生产是在后续制作中完成的，在第二次世界大战之后，行业完成了一个结构性的调整。被壳布纺织厂建立了专门的部门来生产枕头、羽毛褥垫、羽绒睡袋和羽绒被的布套。

三、实用产品
床、枕头、羽绒被、特殊物品

One sleeps so well and has nice dreams
In our feather beds.
Here feels the German soul so freed
From all the earthly bonds.

Heinrich Heine

人们在我们的羽毛床垫上安然入睡，一夜好梦。
此刻感受到德国人的灵魂摆脱了俗世牵绊，如此自由。

海因里希·海涅

除了早期个别客户的一些特殊订单要求以外，生产现成的床上用品在羽毛行业当中是一个比较新的分支。近年来，零售业、新型床具制造行业的劳动力短缺，以及对高效大批量生产的需求，大大带动了工厂生产现成床上用品的积极性。棉布制作而成的成品被壳会沿着所谓的"充绒管"被填充符合要求类型的羽毛。通常情况下，该部门主要雇佣妇女来将被壳挂在自动充绒机磅秤的充绒管上。只有达到要求的填充重量时，才能缝合充绒口。

相同的方法也被用于用纸袋、袋子或麻布袋装羽毛，例如在纸袋中填充 0.5 千克或 1 千克的羽毛，以便运送给经销商。

由于科技的不断发展，羽绒被有多种不同的生产方法。普遍的羽绒被生产方法是使用长臂机器。制作时，每条羽绒被在分配给绗缝机的位置都会配有紧缝带。这些缝线将羽绒被细分为 5×7 或 6×8 的小方格。

《4 个靠垫》（枕头），1493 年阿尔布雷希特·丢勒旅行时的钢笔画作品。

在生产部门，睡袋、滑雪服、防水夹克等特殊产品，或手套、帽子等其他填充服装，是通过缝纫生产的。美国特别流行在生产这些商品时使用羽毛。制品生产部门是羽毛加工流程的终点站。包装工和打包机为商品运输做好准备。然后，这些商品会被分配到不同的经销商手中。

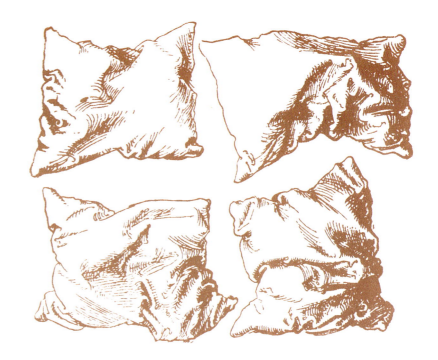

有史以来的最佳男高音之一，恩里科·卡鲁索习惯睡三个床垫，最多的时候可以睡 18 个枕头。

枕头在古罗马就已经非常流行了。罗马枕头填充的是最好的羽绒。然而，古撒克逊枕头很硬，有时填充物是草编织物。过去每张床都会配备至少三个不同尺寸的枕头，最小的放在最上面。使用若干个枕头的习惯是西亚和中东地区生活方式的独有特征。其他地区也渐渐接受了这种习惯。

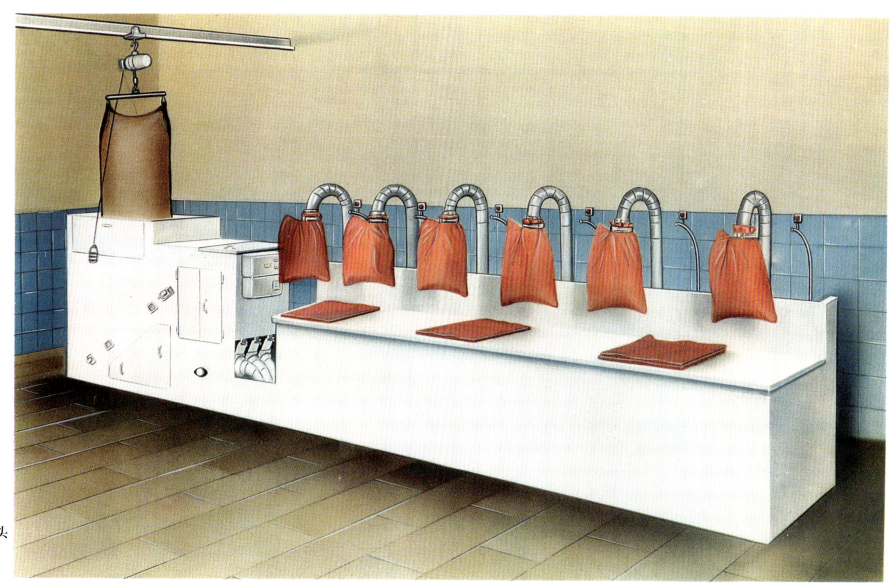

自动化枕头填充设备

床—枕头

"Say nothing more — Shut your eyes
Ask nothing — Listen into your pillow:
Know nothing — It breathes like you."

Joachim Ringelnatz

"不要多说——闭上您的眼睛；
不要多问——倾听枕头的声音；
不要多想——枕头与您共呼吸。"

约阿希姆·林格尔纳茨

可以验证的一点是人们从原始时代开始就已经使用靠垫。它们能够使人们在坐着或躺着的时候更加舒适。人们开始使用家禽羽毛取代植物材料作为靠垫填充物的历史可以追溯到古迦太基时代。那时候的富人也使用一种鹦鹉羽毛填充的枕头。

由于缺少文件记录，历史上没有多少关于将羽毛用于被褥的资料。有报道称，查理曼大帝睡的是羽毛床垫。就像许多中世纪的统治者一样，当他从一个皇宫移驾至另一个皇宫时，他的羽毛床垫总是先其一步到达。

有人可能会想当然地认为，被褥的形状从中世纪起就没有改变过。被褥的使用目的就不允许它的形状有太大的变化。但在中世纪时，被褥中使用的羽毛量肯定比今天要大得多。经常有人好事做过头，把全部的羽毛堆在自己身上。现在中欧使用的被褥的形状越来越趋向于扁平。正常的填充重量如下表所列：

填充量			羽毛和半羽绒（千克）	毛型绒（千克）	羽绒（千克）
羽毛床垫	140	200 厘米	2.5-3.0	1.8-2.0	1.5-2.0
	160	200 厘米	3.0-3.5	2.0-2.2	1.8-2.0
毯子	140	200 厘米	1.8-2.0	1.25-1.5	1.0-1.25
	160	200 厘米	2.0-2.25	1.5-1.75	1.25-1.5
羽毛坐垫	130	130 厘米	1.5-2.0	0.75-1.25	0.75-1.0
枕头	80	80 厘米	1.0-1.25		
	80	100 厘米	1.25-1.5		
羽绒被	140	200 厘米			1.1-1.2

羽绒被中填充欧绒鸭绒时，500 克至 700 克就够了。

羽绒被——专文介绍

在传统消费国家，枕头和靠垫的生产几乎完全是由纺织工业完成的。客户选择被壳布以及想要填充的羽毛重量。被壳布纺织厂推动了床品制造行业的发展，自 20 世纪 50 年代开始，褥垫工业生产开始扩大。现代的薄被（一种羽绒被）的形状对于被罩的生产要求比较复杂，超过了经销商的机械生产能力。在德国、奥地利和瑞士，现成被褥和枕头的预计最低数量同时占整个羽毛被褥市场的 70%。

在德国，各种羽毛被褥的年均消耗量约为 2500000 床，羽毛填充枕的年均消耗量约为 5000000 只。但是所有国家都没有关于羽毛被褥和枕头库存的确切数据。1970 年的市场分析表明，该年德国使用了 80000000 床羽毛被褥，其中约有 15% 是薄被。在最近的采购数据中，这些薄被的份额得到了大幅增长。目前可能已经达到了 50%。

根据德国 1973 年的分析：

66 %   *特大号床（双人床）*
10 %   *法式床*
19 %   *单人床*
4 %   *可分开的床*

被褥的质量从被壳布开始，但精华还是在内部填充物。

从 1869 年的俄国价格表中，我们可以看到一个有趣的现象：国外的羽毛价格区别非常大。这张价格表来自一家德国企业位于 Sareisk 的羽毛工厂，该厂是第一家在羽毛加工过程中应用蒸汽清洗工艺的工厂。

以下翻译后的段落讲的是不同的床上用品，价格单位是卢布。值得注意的是当时所作的高质量保证。

Пуховыя и ватныя одѣяла какъ изъ одноцвѣтной такъ и разноцвѣтной матеріи въ большомъ выборѣ, имѣются постоянно на складѣ. Заказы на всѣ вышеуказанные предметы исполняются по фабричнымъ цѣнамъ аккуратно и въ самомъ короткомъ времени.

Вниманію почтеннѣйшей публики.

Производство и покупка товара сырцомъ непосредственно изъ первыхъ рукъ сборщиковъ какъ во внутреннихъ губ. Россіи такъ и въ дальней Сибири и за границей и долголѣтняя опытность даютъ мнѣ возможность продавать

ТОВАРЪ ДЕШЕВЛЕ ВСЯКОЙ КОНКУРЕНЦІИ.
ТОРГОВЦАМЪ СКИДКА.

ТОВАРЪ ПОСРЕДСТВОМЪ ПАРА И ГОРЯЧАГО ВОЗДУХА НА МАШИНАХЪ НОВѢЙШЕЙ КОНСТРУКЦІИ СОВЕРШЕННО ОЧИЩАЕТСЯ ОТЪ ПЫЛИ И ВРЕДНАГО ДЛЯ ЗДОРОВЬЯ ЗАПАХА, ЧТО ВЕСЬМА ВАЖНО ВЪ ГИГІЕНИЧЕСКОМЪ ОТНОШЕНІИ ПРИ УПОТРЕБЛЕНІИ ПЕРА И ПУХА ВЪ ПЕРИНАХЪ И ПОДУШКАХЪ.

"I've never heard of an Eider down comforter in my life. What keeps me warm in bed are six little dogs, which lie around me; no cover keeps as warm as these good puppies."

Liselotte from Palatinate

"我一辈子都没听说过羽绒被。让我在床上感到温暖的是六只围着我躺成一圈的小狗，没有任何被子能比这些小家伙更能让人觉得温暖了。"

来自普法尔茨的莉泽洛特

"库存一直备有各式素色和彩色面料的羽绒被和填絮被。上述商品的订单均按工厂价格仔细、快速地制作出来。

致尊敬的广大公众：

我们从俄国中部、西伯利亚的偏远地区以及海外的收购商手中直接购买羽毛原料并且自己生产制作，加上我们的长期从业经验，使商品的销售价格更加优惠，而且几乎没有竞争对手。经销商可以拿到更加优惠的价格。最新型机器所制造的蒸汽和热空气已将我们商品上的灰尘和不健康气味完全消除，这一点对于用来填充被褥和枕头的羽毛和羽绒来说是非常重要的，尤其是在卫生方面。"

床品
1869 年价格，单位：卢布

		卢布		俄铜板
贡缎面料的羽绒被	从	18	至 22	—
布哈拉丝绸面料的羽绒被	从	33	至 38	—
丝绸色丁混纺面料的羽绒被	从	22	至 40	—
贡缎面料的儿童羽绒被	从	8	至 10	—
全棉面料的填絮被	从	5	至 8	—
贡缎面料的填絮被	从	9	至 12	50
羊绒面料的填絮被	从	13	至 15	—
色丁面料的填絮被		15	至 25	—
全棉面料的儿童填絮被	从	4	至 —	—
本白色的丝质枕头、羽绒靠垫	从	5	至 12	—
安乐椅糖果型羽绒枕	从	4	至 6	—
旅行用仿皮羽绒靠垫				
麂皮儿童羽绒靠垫	从	4	至 8	—

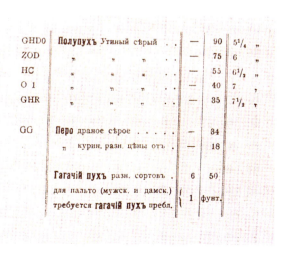

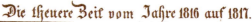

四、物价一览：价格和工资

一直以来都有一个魔法公式："金钱统治世界。"易货交易发展成为了采购交易，导致一系列行为：购买—工资—计算—销售。连接"我出售"和"我购买"之间的桥梁可以通过计量单元来跨越，因此金钱成为了所有事物的衡量标准。

当然，黄金、白银等金钱符号具有装饰价值，但没有必要的经济价值。它们是人们梦寐以求的，但不是至关重要的。同样的原理也适用于花色羽毛，在非洲花色羽毛偶尔会被用来以货易货。填充用羽毛没有这种用途，但可以想象，例如在温度极低的国家，在这样的极端气候下，羽毛的价值可能也是非常高的。

不过，羽毛和羽绒还是相当低调的。它们没有可能成为一种普遍硬通货，但在某些情况下，羽毛被褥难道不是生活的必需品吗？考虑到战争时期长长的难民队列，至少在中欧，人们在选择携带他们的"货物和资产"时，肯定会联想到这一想法，他们的随身行李中肯定有羽毛被褥。羽毛被褥被认为是最珍贵的财产之一，需要随身携带，走向不确定的未来，开始新的生活。

和其他商品一样，人们必须购买床、羽毛和被壳布。只有农民可以饲养家禽获得羽毛。

中世纪的杂货店已经出售填充用羽毛和被壳布了。现在，德国约有1500家婚庆专卖店以及450家床上用品专卖店。填充用羽毛的价格随着生活水平和供求规模变化。尽可能地回首过去，我们可以看到单单羽毛价格的发展变化。值得一提的是，1950年从德国工厂直接购买的填充用羽毛均价如下表所示：

年份	白鹅绒 （马克／千克）	灰鸭绒 （马克／千克）	白鹅半绒 （马克／千克）	灰鸭半绒 （马克／千克）	中国灰羽毛 （马克／千克）
1880	8.—	4.50	4.—	1.20	0.75
1900	10.—	5.—	4.50	1.50	0.90
1910	11.—	6.—	6.—	2.60	1.80
1930	28.—	16.—	16.—	9.50	6.40
1950	70.—	45.—	34.—	18.—	10.—
1970	80.—	44.—	33.—	14.—	8.50
1974	120.—	52.—	36.—	17.—	7.—

欧绒鸭绒：1910 年 – 18 马克 / 千克

1974 年 – 320 德国马克 / 千克

"Money kills more people than a club" is an old saying.

俗话说"金钱比俱乐部更害人"。

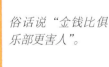

德国的付款和运送习惯：

1910 年：90 天内付清，30 天内付清优惠 2%。

小包装羽毛（细布袋）的毛重即为净重，新麻袋作为一次性袋子，免费。

1930 年：60 天内付清，30 天内付清优惠 2%。

小包装羽毛：纸袋每千克额外收费 20 芬尼；细布袋每千克额外收费 40 芬尼；麻袋每千克袋重额外收费 1.50 马克。

1974 年：60 天内付清，10 天内付清优惠 4%，30 天内付清优惠 2.25%。

小包装羽毛：纸袋每千克额外收费 0.50 德国马克；一次性聚乙烯薄纸袋免费；或提供麻袋租借服务。

1885 年：附加服务 – 个人业务使用的缝线袋子，每个袋子 10 芬尼；修补袋子，每打 2.10 马克。

当然只有与当时工人工资进行对比才能正确评价这些价格。因此，比较久远的文件中提到了一些例子，这些文件记录了羽毛行业工人收入的信息。为了比较，其中还有关于：a）一些基本食物开销和 b）若干羽毛标准的生产工时的详细情况。

年份	每周工作的小时数	工资（马克/小时）	面包价格（马克/千克）	黄油价格（马克/千克）	1 千克白鹅绒的工作时间	白鹅半羽绒的工作时间
1850	80	0.07				
1880	70	0.16			50	25
1900	65	0.20	0.25	2.—	50	22.5
1910	65	0.25	0.27	2.40	44	24
1930	48	0.60	0.50	4.50	46.5	26.5
1950	48	1.40	0.50	5.40	50	24.5
1970	42	5.10	1.60	7.60	15.5	6.5
1974	40	8.50	2.00	8.00	14	4.2

女性的每小时平均工资大约只有男性工资的 70% 到 80%。

早在 1866 年，一家德国被壳布纺织厂在达到规定的最低产量后就支付工人奖励工资了。在 12 个工作日内收入达到 4 泰勒的纺织工会得到 10 枚银便士的加班费。12 个工作日内收入达到 5 泰勒时，加班费增加至 20 枚银便士，收入达到 6 泰勒时，加班费增加至 1 泰勒。大约 100 年前，人们挣到的钱很难维持生活。从那以后，社会结构开始稳定发展。1885 年，德国工人的平均工资约为每年 750 马克。20 年后增加到 850 马克。1974 年，德国羽毛行业的一名工人大概每年能够赚到 16000 德国马克，不包括可观的社会津贴。但有一件事不能忽略。上述提到的这些只是名义工资，当今的收入还要缴纳相当多的税款。

五、促销刺激消费

如果一个经济体想要公众有效地参与到与其利益相关的活动中，它就必须不断地使公众熟悉它的理念和新发展。群众在消费之前需要了解足够的信息，公共关系在这方面是极其重要的。

通过告诉人们在改善睡眠舒适度方面是如何一步一步取得进展的，从而让人们注意到其所取得的成就，这一点是非常重要的。

人们对于追求更加舒适的生活环境，例如他们的卧室，这类需求正在不断地增长。

在过去人们对于信息的需求没有那么强烈。过去没有必要通过持续不断的宣传来推广一个行业的产品，尤其是比较大型的行业。

所有顾客都很推崇羽毛和羽毛行业生产者。由于无法分析非标准化的混合羽毛，客户的确产生了一定的不信任。在某些情况下，这种不信任是合乎情理的。在这个日渐繁荣的行业中，只要有不符合资质的公司进行一些灰色交易，羽毛买家的心中就会存有怀疑，而往往是有信誉的公司会尝到这样的苦果。

为了保护自己免受这些错误的指责以及使整个行业免受伤害，还有一些其他因素，这些诚信经营的公司成立了行业协会，而这也成为了羽毛行业协会的职责。它们致力于保护市场，改善秩序，并借此来巩固行业形象，因为单凭某个公司中立的非品牌产品，影响力实在过于弱小。

战后不同行业分支的形象如雨后春笋般被塑造起来。人们普遍意识到市场不仅仅存在，它还可以被控制。这种控制主要是通过充分的宣传推广来完成的。推广是很有必要的，因为不仅是买家和终端客户，还有专业的生意人都会被广告所吸引，从而成为产品的忠实客户。

然而在竞争激烈的今天，羽毛和羽绒的推广绝不只是说被人们听到就行了。还有另一个竞争对手。比如说，顾客们逐渐接触了解到一些可以被用作填充材料的新型化纤产品，以及他们想象当中的优势。对于这种"替代物"商品的推广，羽毛行业需要进行犀利地回应，这便需要更加强有力的宣传和推广力度。

世纪之交前后的专业贸易推广

Oh wonders of advertising! A featherbed store in Berlin imitated the slogan of the cinemas and the window dresser wrote on the show case:

"Allow yourself a few nice hours — go to bed!"

噢，广告的奇迹！柏林的一家羽毛床垫商店模仿电影院的标语，橱窗设计师在陈列柜上写道："让自己放松一会儿——去床上吧！"

Gentle feathers crown the bride and Mr. Cuddly is on her side. A featherbed so warm and cozy will make their marriage bright and rosy.

新娘的头冠上装饰着柔软的羽毛，卡德利先生站在她的身旁。温暖舒适的羽毛被褥将为他们的婚姻带来美好与光芒。

　　瑞士、法国、奥地利和德国的羽毛行业从中总结了经验。通过合作推广，他们分别以自己的方式支持一家商行。这些促销战略注重许多不同的方面，例如品牌、品质标签、天然产品、健康理念、睡眠舒适度、耐用性等。从这些角度出发，紧接着描述睡在羽毛和羽绒中"就像枕在大自然的膝盖上"或"没有任何东西比得上一床美妙的新羽毛被褥"，因为它柔软、轻盈、贴身、清新。这样的推广是通过传统方式进行的，同时也是为了提升行业形象。一开始是在杂志上刊登广告，然后是电视、电影或广播，最后是传单、海报、装饰品。同时，公共关系工作也是影响公众意见和培养产品声誉及形象的重要方式。

床上用品商店会展示羽毛样品。在贴有整整齐齐的标签的小玻璃容器中，除了最好的羽绒以外，还有鹅毛、鸭毛和鸡毛。最后一个小罐子上只简单地写着"您购买的羽毛"。

155

Der älteste Reißverschluß der Welt

PRESSEINFORMATION DER ÖSTERREICHISCHEN

Bettfedern-

NUMMER 3

INDUSTRIE

Behaglichkeit bei Tag und Nacht

HUNGAVIS

CNABC

KUSCHI

TERIMPEX

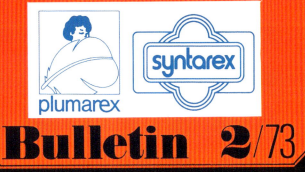

syntarex

plumarex

Bulletin 2/73

Vereinigung Schweizerischer Bettfedernfabriken

Douplume
Plumes et Duvets qualité homologuée

Douplume
Plumes et Duvets qualité homologuée

Chambre Syndicale Nationale de la Literie

ce label vous garantit
des articles
garnis en plumes
de belle qualité

Schlafen wie im
Paradies.

ce label

belle literie

QUALITE HOMOLOGUEE PAR LA CHAMBRE SYNDICALE NATIONALE DE LA LITERIE

guidera votre choix

Zum Kuscheln
Federbetten!

naturprodukt
ORIGINAL WARE

Why
MAPLE LEAF
is called
"Duckling at its
Finest"

„Der will nur mein Bett."

POLSKA
ANIMEX
WARSZAWA

ANTIRHEUMA FEDERFÜLLUNG

Und abends? ins Federbett

ERHOLSAM · WARM · GESUND

Schweizer Verarbeitung

Manufacturé en Suisse

*Werbung für das Produkt
Beispiele aus einigen Ländern*

FEDERBETTEN

六、时尚装饰之羽毛

到目前为止，只提到过那些在工厂加工后用于填充到枕头和被褥中的羽毛。除了这些以外，还有许多人们用来装饰而不是用来制作床上用品的彩色羽毛。例如，至少罗马人认为，这些花色羽毛比贵金属和甜酒更加珍贵。在北欧旅行的商人不仅用他们的货物来交换皮毛和琥珀，还有美丽的鸟类羽毛。于是，富有的罗马人就可以用这些羽毛来打扮他们的妻子或情人了。古代人一般都喜欢用羽毛来装扮自己。几乎所有的节日或纪念日，人们都会用美丽的羽毛作为装饰。大使和国王佩戴羽毛作为尊贵的象征。寺庙和宫殿里也可以看到羽毛。

除了贝壳，野猪、野狗的牙齿或珍珠可以被当作钱来使用以外，当今的几个原始非洲种族仍有用花色羽毛来付钱的习俗。在文明国家，现在美丽的羽毛甚至被当作商品。例如，目前匈牙利通过出口这种类型的羽毛每年能够获得 150000 美元的收益。花色羽毛是从"羽毛的边角料"中获得的，因为有一部分的鹅毛不适合用作填充用羽毛。从这些剩下的羽毛中可以选出花色羽毛。理论上从 100 千克的"边角料"中大约能够得到 6 到 7 千克的花色羽毛。由于这些羽毛必须手工挑选，高昂的人工成本导致这些羽毛价格较高。花色羽毛的整体价格水平比较不稳定，毕竟花色羽毛是花哨商品。有一篇匈牙利报道如此说道："有时候会发生这样的事情：1 千克花色羽毛的售价是 6 美元，第二天却连 2 美元的价格都没有人愿意买，几年

之后，又可能会有人以 7 美元或 8 美元的价格购买这 1 千克花色羽毛。"花色羽毛绝不是"挑剩的商品"。例如，鸵鸟或孔雀能够产出"更"华丽的羽毛。

16 世纪，来自东方的花色羽毛处理技术通过意大利传到了法国。狄德罗写道："虽然仅仅是为了乐趣才对羽毛进行漂白和加工，但没有人可以否认从中确实衍生出了许多经济利益。"

时尚圈

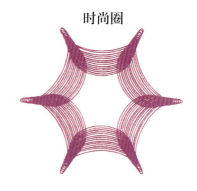

公鸡、阉鸡、乌鸦、野鸡、鹤、天鹅、鹅、火鸡和孔雀的羽毛是用来生产廉价羽毛饰品的。羽毛花是用鹦鹉的羽毛制作而成的。天鹅羽绒通常不仅被用作粉扑，还用作晚礼服的装饰品，以及披风和披肩的材料。

2. 羽毛在时尚、工艺品和工业领域的应用

羽饰制作者，也被叫作"羽饰匠"，出售的作品通常都是由不同的鸟羽制作而成的装饰品。有些国王，如路易十五，有专门的工匠，即"国王的羽饰匠"。1696年，有一些必须经过法庭审批的交易被记录在"专利书"中。这当中就有两位羽饰匠。1712年，已经变成4位。1776年，羽饰匠与花匠联合在一起。现在他们被叫作"时尚设计师"。这是一个收入可观的行当。10年之后，这个经营团体不得不支付300英镑的税款。羽饰匠的数量主要在1791年之后开始增长。从那时候开始，每个人都可以从事这个行业。

1855年的一张名单显示当时法国有一百多名羽饰匠。1870年，单单巴黎就有280位羽饰匠和30位羽毛原料经销商。1912年，法国花色羽毛制造商的数量达到500位。从另一方面来看，那时只有60位羽毛原料经销商。顺便一提，对于此工作的第一次描述出现在1862年的纪事年刊中。第一次世界大战之前，逐渐增长的花色羽毛需求如以下法国销售数据所示：

1840年：约150千克　　　约20000法郎

1875年：43000千克　　　约4800000法郎

1910年：330000千克　　　约58000000法郎

最好的花色羽毛来自非洲鸵鸟的翅膀和尾部。一只在狩猎过程中被射杀的至少四岁的鸵鸟，其每个翅膀上的四根羽毛是最有价值的。这种商品被阿拉伯人叫作"awahni"。翅膀和尾部剩下的羽毛价值几乎达不到这几根花色羽毛价值的三分之一，而身体部位又短又黑的羽毛几乎没有任何价值。

鸵鸟羽毛主要来自于开罗、阿尔及尔、得土安、萨瓦金、茅斯达斯和开普敦。

假的鸵鸟毛是用来自意大利——主要是威尼斯的公鸡毛制作的。

中世纪时，用取自雄性苍鹭头部后面的羽毛来装饰头盔。后来它们慢慢失去了价值。如今只在东方国家流行这种装饰。最美丽的苍鹭羽毛是深黑色的，来自西伯利亚、印度、塞内加尔、圭亚那等地区。灰色和黛青色的苍鹭羽毛来自匈牙利和南斯拉夫（达尔马提亚）。

所谓的长羽饰，带有极薄羽茎的白色羽毛，产自白鹭；箭鱼羽毛产自一种南美洲当地的物种红篦鹭；这些羽毛非常稀有。

鹳毛来自不同种类的鹳的尾部。

假的鹳毛产自东印度鹳。为了模仿鹳毛，需使用鹳、雄孔雀和雄火鸡的尾羽。

还有野雁的皮，通常不会拔掉正羽，与羽绒一起移除后，经鞣制并加工成皮毛。

鸟的羽毛一般也用于工业和生产许多其他产品。通过特殊的工艺，能够获得鹅翎毛和窝翎毛，以制作羽毛球的毽子。此外，一头或两头切割后的小羽管很适合用来制作雪茄烟烟嘴、荷兰雪茄的咬嘴部分、牙签、浮标和玩具配件。

在技术领域，羽毛也有很高的价值，它们可以应用在机械设备的轴承中。长而硬的鹅毛当中粗糙分裂的羽轴很适合用来制作清理工厂滚轴的刷子。工艺刷就是用中等或只有一点分裂的鹅毛羽轴制作的。分裂得像头发一样细的羽轴可用作生产鞋垫时的混合物。

羽轴做成的羽毛笔主要来自鹅。选择每个翅膀的五根外前翼羽轴作为笔芯，第二根和第三根最佳。将笔芯浸泡在热的明矾水中，将其变成透明的白色（玻璃羽轴）。

如今，羽毛在时尚界已经发挥不了太大的作用了，时尚随时都在变化。但填充用羽毛仍然发挥着重要的作用，一直以来都是必要的消耗品，将来也依然会是。

南非的鸵鸟羽毛出口		
年份	离岸价格	总额
1966	876769	1397
1967	1140889	1643
1968	1203386	1414
1969	970503	137352
1970	830586	120405

油画《戴羽毛帽子的女人》，作者：巴勃罗·毕加索（马德里，1901 年），得克萨斯州圣安东尼奥市马里恩·科格勒·麦克奈艺术学院收藏

What would an Indian be without his feathers?
如果没有了羽毛，印第安人还会是印第安人吗?

这个具有重要意义的头饰只有最厉害的战士或猎人才能佩戴。这个头饰需要许多长长的优质老鹰羽毛，有时一个印第安人得搜集好几年的羽毛才能开始制作他的头饰。这个头饰偶尔也由妇女完成。

配有长尾羽的战士头饰

头饰俯视图。羽毛的间隔很均匀，三根羽毛连接在中间点上，朝向后方。

来源 :《从鹿皮鞋到图腾柱》；作者：埃哈德·里斯（1958 年，拉文斯堡奥托·迈耶出版社）

161

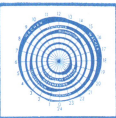

第八部分：羽毛造福于人类

一、生活和睡眠

1. 生活的新感觉

一位古柏林的著名画家齐尔说道："人类也可以被他家中的物品杀害。"在其素描中，他在试图证明这一说法。与此同时，疾病、住宿和环境之间的联系已经在许多医学和社会学论文中进行过研究和描述。

今天，人们在尽最大努力消除来自中欧家庭中传统的"陈旧理念"。欢快、轻松的氛围将会越来越盛行，周围环境也会变得更柔和、更丰富多彩、更有吸引力。

不同的潮流表明，家庭生活已经以轻松而自由的形式，再次进入人类生活的中心。伴随而来的是，家庭已恢复其以往的中心地位。许多未来学家认为，未来的家庭将包含一个常见的大客厅（带有舒适的座椅）和一些"男性成员"和"女性成员"居住的房间，这些房间是不同家庭成员居住的卧室，每个房间都可使所有人感到心情愉悦。

在许多国家，卧室似乎不再是家中最受忽视的地方。确实是这样，传统父母的卧室通常仍由双人床、床头桌和梳妆台等占据主导地位。但现在，起居卧室出现了一种新趋势，与传统卧室相比，起居卧室的家具有所改变。例如，新床比以前的大床更低、更轻。它们更像是一个"游乐场所"，人们可在此度过其闲暇时光，也可欣赏书籍、杂志或唱片。

鹅毛和鸭毛的原始尺寸

Of what importance is a name?
Love does not care.
It should only be a dame
warm and smooth and bare
          Ludwig Thoma

名誉很重要吗?
爱不在乎。
那只不过是一位温暖、光滑和裸露的
贵妇人。
        路德维希·托玛

    具体有哪些原因是推动"更大"的卧室,以及家中更多的放松空间这一趋势的呢? 有以下几点:总的趋势是重新回归更多的浪漫感觉和想法。今天,人们的口号之一就是"怀旧",一种对过去时代的渴望。理性的、功能性的设计理念必须让位于更加奢华的风格。

    此外,还有很多其他原因使得卧室不再被忽视。例如,最重要的一点是,人们有着越来越多的闲暇时间。随着工作越来越多地耗费其智力,人们在其休闲时间需要一个完全放松的空间。因此,新兴的卧室同时成为人们的休闲空间。随着人们日益关注自己的健康,他们在房间中的放松和休息在家庭中占据了更重要的地位。

    从世纪之交的这幅图画可以看出,把卧室作为"游乐场所"不是直到现在才流行起来的。来自英国韦尔的大床——3.5 平方米,它有 2.5 米高的天篷(维多利亚和阿尔伯特博物馆,伦敦)——绝对不只是为了睡觉! 它原来属于"撒拉逊首领"(Saracen's Head)酒店所有。

163

The night is a time for sleep — most of the time.
夜晚的大部分时间是用来睡觉的。

"Most things happen when all is quiet."
Felix Timmermanns
"许多事情发生在一切都安静下来后。"
费利克斯·蒂默曼斯

《晴朗、安静的夜晚》
威利·施密特·利布的水彩画

2. 睡眠

我们对睡眠的了解还不完整。从表面看，它类似于一种无意识状态。所有中枢器官的活动减少，心跳减慢，血压降低，体温下降等。然而，睡眠的内在本质仍然未知。在科学界，对此流行着各种不同的观点。一些科学家认为，睡眠的需求实际上是人们自身的"中毒过程"所导致的，是为了排出人们在清醒时活动所产生的废弃物。睡眠可分解身体内的有害物质，并进行排毒。如果确实是这样，那么用化学药物（如药剂）进行解毒事实上是可行的。睡眠可以被替代。

另一些科学家认为，睡眠是基于良好的生物电反应。因此，可以想象有两种可能性：细胞通过白天的活动进行充电，通过睡眠，这些细胞再进行放电。或者是白天的身体和精神压力进行放电，然后通过睡眠进行"充电"。这只是各种理论的解释之一。

然而，根据自然法则，人们的能量在睡眠中进行反复地补充，因此会产生各种相应的生理和心理过程。

What a night — you gods and goddesses!
Like roses was the bed.

Petronius

这是怎样的一个晚上——我的上帝和女神！床好似玫瑰一般。

佩特罗尼乌斯

"By an excellent sleep
I purified my soul."

Goethe to Frau von Stein
"经过很好的睡眠，我净化了我的灵魂。"

歌德对弗劳·冯·斯坦因说

a）睡眠量多少为合适？

关于必要睡眠时间，以及最佳睡眠时间和最佳睡眠姿势的问题，存在许多不同的观点。这些观点都拥有众多自己的拥护者。据说拿破仑说过这样一句话："一个成年男子睡五个小时，一个青年睡六个小时，一个女人睡七个小时——但一个白痴睡八小时。"据说拿破仑每天晚上睡三到五个小时，但是，他能够在群众面前或在战斗开始的时候小睡片刻。其他著名的人士，如亚历山大·冯·洪堡、弗雷德里克大帝，还有托马斯·阿尔瓦·爱迪生，都有着很少的睡眠时间。

然而，众所周知的晚起者的名单也是一样长。从约翰·沃尔夫冈·冯·歌德到丘吉尔，再到哲学家康德和叔本华，他们经常 24 小时不间断地睡眠。叔本华称睡眠为"对死亡的偿还"。人们越准时、越充分地支付账单，死亡的"本金"就越迟收回。"没有足够睡眠的天才是难以想象的"，他说，像伊曼纽尔·康德一样，他每天睡十个小时。卡尔·路德维希·施莱希说："人们应该毫不犹豫地在生命的一半时间里进行睡眠，只有睡眠充足才会幸福。"

Leonardo da Vinci:
"What is it? Man always desires it, and when he has it, he doesn't get to know it? Sleep."

达芬奇：
"人们总是渴望得到它，而当他拥有时，他却不了解它？这到底是什么呢？那就是睡眠。"

Resting
Relaxing
Sleeping

休息
放松
睡觉

有充分的理由相信这个说法是正确的。相对于食物，人们对睡眠的依赖性更强。有人禁食了两个半月。但是一个人没有睡觉的最长时间是 121 小时。这是一个美国学生在实验中所作的记录。在自我实验中，来自芝加哥的教授，睡眠领域的权威人士纳撒尼尔·克莱特曼先生，成功地保持了 4 天 19 个小时的清醒，但已经筋疲力尽。

And how do you sleep? Lying
您会怎样睡觉呢？躺着

b）"理想"睡姿

将人与动物进行比较，得出的结论是哺乳动物，特别是自由生活的野生动物，需要的睡眠更少。与人类相比，大多数野生动物甚至不会花费它们生命中三分之一的时间睡觉。

理想的睡眠姿势是什么？

在睡眠时，哺乳动物或多或少地侧躺。人类几乎可以将这种姿势描述为一种独特的动物行为，无论是从老鼠到大象，还是从骆驼到猴子，总之包含各类哺乳动物。

来自巴塞尔的以研究人类睡眠习惯而闻名的科学家弗里茨·萨拉辛先生在 1942 年发表了一份全面的研究报告。这项报告通过调查发现了原始种族的睡眠姿势和睡眠时支撑头部的不同物件。最简单的支撑是粗木头，至今仍在新几内亚使用。更文明的种族制作了巧妙的头枕或一种用腐烂的木头、纤维等做成的枕头。头枕经常会被作为纯粹的崇拜对象。而在任何情况下，人类需要采用卧式睡眠姿势，而除了哺乳动物外，所有其他动物，在睡眠中会采用各种你能想到的姿势。它们会俯卧、仰卧、侧卧或采取其他的睡姿，如单腿支撑、垂头，依附于垂直的墙壁，在水面上漂浮，甚至在空中飞翔时也可以睡觉。

c）早起的人和晚睡的人

像鹅和鸭子这样的水禽可以在水面漂浮时睡觉。据说它们在睡眠时自动进行圆周运动。巴塞尔动物学教授弗里茨·扎斯科先生解释说："在水面上睡觉的鸭子，用一只脚轻轻做划水动作。它不停地画圈，就像一条船只在一边划水一样。因此，它可以避免被风或水流带到岸边的危险。"

无论什么情况下，鸟儿们都随身携带它们的"床"，即它们的羽毛。通常，鹅和鸭子在陆地上休息，将其头部埋在它们的一个翅膀下。当打瞌睡时，除了从头的前部到眼睛这部分未被覆盖外，其余部位均埋藏于翅膀下。当深睡时，整个头部都被翅膀遮住。这些打瞌睡和睡眠的姿势可以在很多种鸟类身上观察到。关于睡眠姿势问题，我们还将继续谈论"睡眠的场所"。当然，指的是床。在下一章中会介绍更多的相关信息。

英国杂志《家庭医生》最近公布了一项调查结果。这项调查显示，"婚姻与自家的床一样牢固"。那些睡在沙发和客厅的夫妇，通常最终会提出离婚，对簿公堂。而睡在真正卧室大床的夫妇就很少会提出离婚。根据这项调查，即使与法国床相比，英国床很窄，睡上去也不舒适，然而与沙发相比，它们也仍然是新婚夫妇的一个更好的选择。"因为只有在床上，一个人才可以忘记每天的悲伤。"

关于最佳睡眠时间，人们往往众说纷纭。有些人喜欢早睡早起。他们生活的座右铭是："早睡早起可以使人身体好、富有、聪明。"

古老的礼仪中记载到，早起是唯一正确的行为。晚起的人通常被认为是懒惰的。然而，当其他人已经熟睡时，这些人却依然在忙碌。比如俾斯麦就属于该类人群。他在早上 9 点或 10 点之前从不起床。

这种习惯是不可随意控制的。另外还有个人生活节奏和个人"睡眠生物钟"的问题。难怪在 1939 年，一位美国教授代表关于"早晚生活习性间的伴侣关系"如此说道："更多的婚姻破裂源于温度，而非性格。"

与动物相比，人类具备特殊的能力，因为他们能够，或至少在一定程度上能够改变其从白天到傍晚甚至深夜的睡眠时间。这也是属于人类的一种状态。

"Never follow a girl before one o'clock in the afternoon. If she is so beautiful, why is she up already?"

(Spanish proverb)

"下午 1 点之前不要去追求一个女孩。如果她很漂亮，为什么她这么早就起床？"
（西班牙谚语）

Early risers save a lot of money, for, in the evening, they are often too tired to spend the evening out.

早起的人可以节省很多钱，因为到晚上后，他们通常很累而无法外出花钱。

Who sleeps, doesn't commit a sin; who commits it before, sleeps better.

睡得着的人不会犯罪；从前犯过错误但改正的人，晚上会睡得更好。

d）失眠

总而言之，一个人的睡眠需求取决于一些因素，比如体格、工作、年龄、所处气候和某种性格。相对于睡眠时间的长短，"酣睡"受睡眠深度的影响更大。通常情况下，一个人睡着后不久便进入深度睡眠状态。这种睡眠只能持续一两个小时，到了早晨，它会变得越来越轻，越来越弱。在睡眠临近结束时，在短时间内，睡眠会再次加深。一般来说，紧张和过度劳累的人以及失眠患者，会很难入睡。很长时间内，他们睡眠很浅，只有到早晨时，才会进入深度睡眠。如今，患有睡眠障碍的人数大大增加。睡眠药物（安眠药）消费量的不断增加证明了这一事实，同时也预示着会带来更多的危险。导致失眠的心理状态不容易克服。今天，大多数人很少会放松自己。他们缺乏沉着和冷静。在睡眠时大脑活动本应减少，而他们躺在床上却仍在"工作"，导致身体内的睡眠节奏紊乱。

然而，有一些规则，如果能发现的话，或许能真的帮助改善睡眠。因此，卧室必须保持凉爽，但不要太冷。否则，机体不能保持正常体温，会再次影响睡眠。卧室的理想温度在 10 到 15 摄氏度之间。充足的氧气很重要。所以即使在冬天，整个晚上窗户都应该微开，因为如果空气中的氧气量太少，睡眠会变轻，而且会引起头痛。

最重要的是，不要把烦恼带入睡眠。人们在睡眠时应该放松，盖好被子，不受外界温度变化的影响。被子不会因睡眠时身体的活动而滑落，可允许身体自由活动，不会对身体产生压迫，并且贴身性要强。是否会选择被子的颜色，是一个人的品味问题，顶多会影响睡觉前的准备活动。根据法国床品羽毛业的测试，粉红色容易使人入睡，绿色使人安宁，蓝色使人凉爽，橙色使人有活力。14 世纪和 15 世纪的时尚女性肯定不懂得这些，因为她们喜欢穿黑色缎布衣服来取悦她们的爱人，特别是白色皮肤与黑色绸缎形成鲜明对比。

也许一个新的床垫还会帮助英国的亨利七世国王克服其风湿病导致的失眠。相反，他每晚在他的床上洒上圣水，用以驱邪。

这种关于"睡眠、床和床上用品"的迷信思想不仅蔓延于 16 世纪的英格兰。在不同时期的文明社会，也有关于这种思想的各种报道。比方说，法国哲学家圣西门讲述到一名女子在雷雨交加之时经常匍匐在床下。她命令她的仆人躺在她的床上，通过她的床垫和躺在床上的仆人，她希望能从大自然的力量中得到双重保护。而毕达哥拉斯的学生则被要求在起床后立即拭去被单上身体的印迹。在澳大利亚，一些部落仍然以这种方式行事，以保护自己免受某些魔法的伤害。

e）"生物钟"

另一方面，尤其是在工业国家，人们极度担忧床上的"巫术"。市场调查人员意识到，华丽颜色的床上用品比白色的更加吸引人，特别是对于女士在选择床上用品时。心理学家一定可以解释华丽颜色的床上用品与入睡之间，以及颜色与睡梦间的关联。但在这里，有着更多的关于枕头和床的有趣说法。理想的被褥应该既轻巧又温暖。人们应该庆幸没有住在古老的萨克森州，那里的枕头非常僵硬，床垫通常由稻草编绳做成。从另一角度看，能够依偎着羽毛或羽绒做成的枕头，是多么的美妙。

"人们将睡在鸟类的羽毛上"，达芬奇在 15 世纪曾经预言。今天我们可以补充道：睡得超级棒！

包括人在内的所有生物，都在昼夜变化和四季更替中与宇宙相融。他们的影响力控制着通常所说的植物神经系统，而一切生命现象的进程都取决于此。这种"生物钟"不会永久地受制于意愿，而是源于生物自身的规律。

在睡眠中，并非整个大脑都处于昏迷状态。相反地，大脑的一个特殊区域——睡眠中心会单独地引起睡眠。这个中心削弱了外界对大脑的所有刺激。它会神秘地过滤那些不该传递给大脑的外界影响。因此，道路上汽车驶过发出的吱吱声和卡车开过时的噪声在睡眠中不会被感受到。但是，即使是孩子最微弱的哭泣声，也会使母亲从床上跳起来。没有其他方式能够完全取代睡眠中心的这种调节作用。

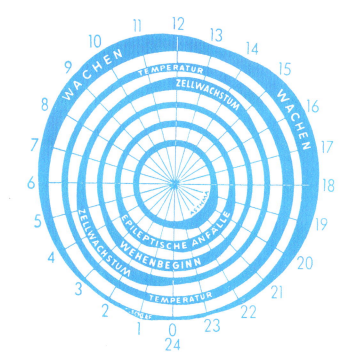

某些功能的日节律（根据 W. 沙伊特的说法）

169

从艺术视角来看："在床上"
《在床上》
维亚尔

床，在艺术家的思维当中，不仅仅是一个休息场所。睡眠也成为艺术家的表现对象，如图两位世界著名的法国画家所示。

Praise of Bed
The bed is a universal empire. B.M.
对于床的赞美
床是一个宇宙帝国。B.M.

"To bed,to bed!
Who has a sweetheart.
And who has none
Must go, too."
Hans Ohl

"到床上去！到床上去！
那些有伴侣的人们。
而没有伴侣的人，
也必须去。"
汉斯·奥尔

《床》图卢兹·劳特雷克

"In art the bed is good enough"
adapted quotation of Goethe
"在艺术中，床是足够好的。" 引述自歌德

二、床的文化史

1. 在法国有 69 种样式的床

罗马诗人贺拉斯写道："感觉不到自己睡得不好的人往往能睡得很香。"这句话并不令人惊讶，因为古罗马的床相当舒适。将近两千年后，法国小说家巴尔扎克表达了更为"尊重"的意见：也许正是在坚固的床上才诞生了人类伟大的天才人物。当时在睡床方面，法国已成为一个高度文明的国家。这两段引述代表了睡床发展史当中的两个阶段，同时也是人类历史的一部分。毕竟我们要在床上度过生命中三分之一的时间。生命从这里开始，也通常会结束于此。生病时，人们要在这里忍受许多阴暗的时光，然而在这里，人们也会享受放松和爱情的美好时光。我们忽略了，有多少影响历史的决定诞生于床上。著作《床》(*Le lit*) 的作家居伊·德·莫泊桑总结说："床是生命的象征；床代表着人类自己。"

原始人怎么睡觉？历史学家讲到，他们在洞穴地面铺上草、树枝、稻草或者聚集到一起的羽毛，便构成了其睡觉的场所。原始的非洲部落，例如，丁卡部落和来自苏丹的努斯部落，仍然在木灰中裸身而睡。火地岛的居民用动物的毛皮来制作他们的床，同时毛皮也被用作身体的披盖。在南亚，人们习惯睡在精细的编织垫上。在波利尼西亚，房子里睡垫的数量和质量暗示着主人的财富。

《东方三博士之睡眠》
世界闻名的位于法国奥通的圣纳泽尔大教堂（12 世纪），从艺术史的角度来看非常有趣。

"告诉我，您和谁一起睡觉，然后我会知道您梦到了谁。"
斯坦尼斯瓦夫·杰西·莱克

睡眠文化
以下引述源于居伊·德·莫泊桑的《隆多利姐妹》(*The Sisters Rondoli*) 一书：
我非常喜欢躺在床上，它是生命的庇护所。洁白的被单和羽绒的温暖，为人们赤裸而疲惫的肉体带来了新生。
在床上，我们度过最甜蜜的时光，享受过爱情的甜蜜和温馨的睡眠。床是圣洁的。床是地球上最美好、最美丽的地方，我们要对其报以崇拜、爱慕和敬仰。

171

"Who sleeps his fill well contributes to his beauty" — that is a popular belief.
And really this "beauty sleep" can be proved scientifically.

"睡眠质量高的人会变得更美丽"——这是一个普遍的信念，而且"美容觉"也可以在科学界被证实。

起初，人们睡在地板上。然而，由地板向床的发展痕迹可以在世界各地找到，在苏丹、西非或北美各地，其彼此相互独立。这种床的简易形式可能是吊床，其源于新几内亚或南美洲。

更舒适的睡眠体验是数千年的床具发展史上一直追求的目标。例如，在古埃及，高床架被帐幕包围，配以枕头和垫子，这种床具很受欢迎。通常还会额外配有石质、木质或金属枕头。这样的床被发现于底比斯第18王朝图坦卡蒙的坟墓中。最壮观的标本是装饰有花瓣、花环、水果、花束、纸莎草和芦苇的涂有金箔的床架。亚述人、米提亚人和波斯人的床也装饰着众多的金属镶嵌、珍珠母和象牙。波斯国王甚至将他舒适的帐幕床放置在厚厚的地毯上。

在古希腊和古罗马时代，相反地，人们的生活更加朴实。简易的木制框架，配有绳子和皮带制成的编织物，皮毛作顶，就足够了。后来，奢华和舒适的风格也进入人们的卧室。厚厚的枕头和绣花被褥成为社会地位的象征。

在原始时代的英国和德国，人们在地上堆积的树叶中睡觉，顶多也就是在一个布满苔藓的扁平的石头上。来自中世纪初的插图手稿也表明，那时候的床非常朴素。从12世纪初开始，更加舒适和华丽的床才脱颖而出。人们开始装饰床架，在天花板上挂窗帘，以保护其睡觉时免遭好奇者的窥视和飞虫的侵扰。在床头，大量的枕头可使睡眠者保持几乎直立的睡姿。在13世纪，华盖开始流行，床也变得越来越长，越来越宽。到了16世纪和17世纪，床的面积再次变大。在文艺复兴早期，人们开始了对床的狂热崇拜。随着在18世纪进入工业社会，这种崇拜才走向尽头。

"从摇篮到棺材，
到处都是床。"
一种现实的大众哲学

"From the cradle to the bier
Everywhere the bed is near."
A practical popular philosophy

A humorous remark runs as follows:
"Life is serious,
It mostly ends in death."
一句幽默的话语流行如下："生命是严肃的，它通常以死亡结束。"

How do people sleep — a child in the cradle
A woman, alone — in pyjamas
A woman, not alone — in a night gown
A man, alone — in a night gown
A man, not alone — in pyjamas
Kurt Tucholsky

人们一般怎样睡觉——婴儿时期——在摇篮中；
一个女人，独自一人时——身着睡衣；
一个女人，有人陪伴时——身着睡袍；
一个男人，独自一人时——身着睡袍；
一个男人，有人陪伴时——身着睡衣。

库尔特·图霍夫斯基

例如，法国内科医生查尔斯·德·沃玛的床是用砖块砌成的，床当中还有一个马桶。

除了文艺复兴时期的意大利床，西欧最美丽的床无疑来自法国。在法国大革命之前，这里有着各种不同类型的床。例如："天使床"（lit d'ange）没有床柱，但是带有帐幕和垂下的床帘；"英式床"（lit à l'anglaise）类似沙发，带有靠背和两侧扶手；"双人床"（lit à deux dossiers）、"衣橱式床"（lit clos），带着"门"的床，今天仍然可以在布列塔尼的一些地区找到；"lit à colonnes"，四柱法国大床；"lit au tombeau"，四柱床，并配有枕头和倾斜的帐幕；"lit de glace"，典型的法式风格，在床幕的顶部和侧面带有镜子。令人更惊讶的是：亨利·哈瓦德在《家具和装饰词典》（Dictionnaire de l'Ameublement et de la Décoration，1867-90 年）第三卷中详细描述了 69 种不同类型的法式床。

昂布瓦兹城堡，路易斯·菲利普的卧室

亨利二世（Henry II）的房间装饰有布鲁塞尔的挂毯，并配有文艺复兴时期的床和椅子。您可以在"欧洲之角"卧室中找到 15 世纪和 16 世纪的家具。二楼是路易斯·菲利普的卧室，他选择在昂布瓦兹为王室建造避暑行宫，并装修了城堡。他的床是雷加密风格，装饰有皇家首字母字样，一张属于他自己的高贵的床（见插图）。

卢瓦尔河上的"法国园林"城堡，经常作为法国国王的避暑行宫，在这里可以发现一些有趣的床。这一示例来自历史悠久的昂布瓦兹城堡。

"骑士国王"（Roi Chevalier，法国国王弗朗索瓦一世）邀请了达芬奇（许多关于羽毛的观察资料来自他并被流传下来）到其城堡，并且把自己的小城堡——克洛吕斯（Close Luce）安排作为达芬奇的住所。在昂布瓦兹城堡，有关于每个人的床的简短历史，可供人们调查。

流行艺术四柱床，特尔茨（tölz），1823 年

到 19 世纪中叶，富有的英国资产阶级在四柱床上安置了床帘和华盖。在 18 世纪，英国的床变小了。家具艺术家，如齐本德尔、喜来登和海波怀特塑造了床的形式。

在 15 世纪上半叶，典型的意大利风格的床得以发展，并且存在了将近二百年时间。威尼斯床是最受欢迎的床型，其位于平台之上，并在四根细长的柱子上搭建了奇特的华盖。床头和床尾布满了艺术雕刻和绘画。羽毛床垫、精美的床单和丝绸床罩组成了床上用品。天鹅绒床帘装饰有圣经或占星术的场景。

直到最近，日本都没有床。今天，大部分日本人依旧睡在临时的“床铺”上。白天被子被存放在衣柜里；在晚上，它们被铺到地板垫上，即所谓的“榻榻米”。在寒冷的天气，人们在房间使用被炉取暖。一家人睡觉时围成圈将其环绕在中间，头部向外就像车轮的辐条一样。

2.床上的观众
——丘比特和羽毛床垫

在华丽的床上或宽阔的沙发上充当观众，是许多人所向往的事情。几百年前，对于国王和有等级地位的人来说，这是很平常的事情。因此，在床的发展史上，还有着关于"正义之床"和"游行之床"的轶事。

在中世纪，法国国王宣布了其"正义之床"的主张。根据他的主张，其下属需依据等级的高低在高架床周围集合，高等贵族站着，低等贵族跪着。普通人则必须平躺在地板上……

亚历山大大帝躺在金色的床上，对他的仆人发号施令；罗马皇帝在优雅的沙发上发号施令；石器时代的部落首领可能也会以同样的形式展现自己的权势。

在以前，被邀请同床是一种恩惠的行为，这并不总是因为性的原因，在此分享世界历史上的一些小轶事。例如，在长时间的争吵之后，法国国王查尔斯八世与奥尔良公爵和好，他邀请奥尔良公爵分享自己的床。作为特殊的恩惠，弗兰西斯一世经常会邀请海军上将波尼文特与其同床。

但这些都是特例。床和爱一直都是紧密相连的。有人恰如其分地说道："小而轻的羽毛，值得我们去爱，因为它本身就与爱相关。"

爱神丘比特，经常被艺术家视为天使，甚至与羽毛行业直接关联：他难道不是这个行业分支的天使守护神吗？

第九部分：国际羽毛局

1. 国际层面的合作伙伴

1952 年 6 月 12 日，米歇尔·托皮奥尔先生、奥托·罗德斯先生、卡尔·普拉希特博士在明亮的阿尔迪公鸡花园正式讨论，在巴黎成立一个涵盖全部羽毛行业的国际组织。

由于多年来交易的困难和新的政治局势，以及国际羽毛市场缺乏统一的行业标准，他们才产生了这样的想法。他们认为必须采取行动，继续保持战前时期安全市场的传统，促进市场的顺利发展。解决方案是成立"国际仲裁委员会"，行使维持秩序的功能。

这个想法很快就实现了。经过大约 9 个月的筹备期，"国际羽毛仲裁委员会"于 1953 年 3 月 16 日在巴黎成立。该协议由各参与国组织的主席（法国的里奥·内特，意大利的 O. 布拉奇亚尼，奥地利的 W. 诺瓦克，德国的汉斯·昆泽米勒）和来自比利时、加拿大、英国、荷兰、瑞士及美国的私人企业签署。后来，南斯拉夫、波兰、捷克斯洛伐克和匈牙利的出口公司也加入了该委员会。

委员会成立初始，除了在其专家报告和仲裁领域的活动外，该组织需承担更多的任务。成立后的第一次会议于 1954 年 5 月 21 日在加米施举行，为未来的《国际羽毛羽绒交易条款》奠定了重要的基础。与会各方约定，如果各缔约方不作其他安排，这些条件应始终有效。

巴黎——布吉瓦尔，阿尔迪公鸡花园

The safest bridge between two hard working days reposes on a good night's sleep.
通过两天的艰苦工作达成各项一致后，终于可以好好地休息一晚上了。

随着这些条件的进一步发展，以及所有消费国针对"羽毛床品的想法"做出共同努力的日益迫切的愿望，终于达成一致，就是由一个共同组织来自己主动执行必要的协调工作。这个想法最终得以实现，1958 年 6 月 17 日在巴黎成立了"国际羽毛局"。该局将在国际层面上代表经销商、采购商、供应商和羽毛原料加工商的利益，维护国际羽毛市场的安全。除了日常活动产生的问题外，协调推广和国家资金援助也是其综合工作的一部分。除了制定和汇总羽毛行业供应的国际惯例、资质和术语等事项外，全体大会和咨询委员会能够通过其决议扩大职责分配，以保证灵活地适应上述要求。

同时，下列国家的行业联盟、出口协会和出口公司则通过行使个体义务挂靠于国际羽毛局：比利时、加拿大、丹麦、德国（包括进口贸易）、法国、英国、爱尔兰、意大利、荷兰、奥地利、波兰、葡萄牙、瑞士、捷克斯洛伐克、匈牙利、美国。

该局的咨询委员会组成高层管理人员，每年举行一次或两次会议，除非特别事件需要召开会议另行指示。全体会议每三年举行一次。在 1953 年的创始人会议之后，会议举办顺序如下：

加米施	德国	1954 年 5 月 21 日
加尔多内	意大利	1957 年 9 月 25 日
萨尔斯堡	奥地利	1960 年 6 月 14 日
巴登 - 巴登	德国	1963 年 10 月 8 日
蒙特卡洛	法国	1966 年 10 月 4 日
布尔根施托克	瑞士	1969 年 9 月 17 日
威尼斯	意大利	1972 年 4 月 28 日
拜德斯彻申	德国	1974 年 10 月 8 日

康斯坦茨湖附近的拜德斯彻申市近景，威利·施密特·利布绘

177

Röders Otto, Germany, president
罗德斯·奥托，德国，主席

Topiol Michel, France, vice president
托皮奥尔·米歇尔，法国，副主席

Spanyik Imre, Hungary, vice president
斯潘尼克·伊姆雷，匈牙利，副主席

Dr. Pracht Karl, Business Manager
普拉希特·卡尔博士，商务经理

Babini Carlo, Italy, member of the Advisory Board
巴比尼·卡洛，意大利，咨询委员会成员

Brusco José, Italy, member of the Advisory Board
布鲁斯科·何塞，意大利，咨询委员会成员

Drouault Robert, Frankreich
德鲁·罗伯特，法国

Frucht Werner, Deutschland
弗鲁希特·维尔纳，德国

Glaser Viktor,USA und übrige Länder
格拉瑟·维克多，美国和其他国家

Köppen Günther, Deutschland
柯本·根特，德国

Kowalczyk Andrezey, Polen
科瓦尔奇克·安德烈兹，波兰

Krauss Leslie, USA und übrige Länder
克劳斯·莱斯利，美国和其他国家

Melchers Henning, Deutschland
美最时·亨宁，德国

Molina Angelo Antonio, Italien
莫利纳·安吉洛·安东尼奥，意大利

Müller-Imhoof, Max, Schweiz
穆勒·伊姆霍夫·马克斯，瑞士

Netter Jean-Louis, Frankreich
内特·让·路易，法国

Novak Jiri, Tschechoslowakei
诺瓦克·吉里，捷克斯洛伐克

Nowak Walter, Österreich
诺瓦克·沃尔特，奥地利

Raeder Wilhelm, Deutschland
雷德·威廉，德国

Rieder Kurt, Österreich
里德尔·库尔特，奥地利

Schoppig Charles, Schweiz
斯科普·查尔斯，瑞士

Frau Sklenarska Janina, Polen
斯卡莱娜斯卡·贾尼娜女士，波兰

Volker Fritz, Deutschland
沃尔克·弗里茨，德国

Frankfurt am Main:
Sitz des Internationalen Federn-Bureaus
国际羽毛局所在地：美因河畔法兰克福

List of Members 成员名单

A. Suppliers of Raw Goods		国家	所在地
A. 原材料供应商		Irland 爱尔兰	
国家	所在地	Polplum Ltd.	Dublin
Bundesrepublik Deutschland 德意志联邦共和国			
（Importhandel）		Schweiz 瑞士	
（进口贸易）			
Richard Behr & Co.	Hamburg 1	Bettfeder-Handels-AG. Busso	Zürich
Continentale Produkten-GmbH	Hamburg 11	Henry & Hans Bohner	Lausanne
Henkell & Co.	Hamburg 1	Adalbert Mangold AG	Zürich
Jebsen & Jessen	Hamburg	Charles Schoppig	Délémont
Kleine & Ebeling	Bad Reichenhall	Ernst Debrunner	Zürich
Laeisz & Lüders	Hamburg 36		
C. Leinhas KG	Mannheim 1	Niederlande 荷兰	
C. Melchers & Co.	Bremen	A. van den Hengel	Diemen
Gerd Oppenheimer	Mannheim 1	M. C. de Lara N. V.	Amsterdam-C
Raspe & Paschen	Hamburg 11	C. B. Remkers & Zonen	Epe/Gelderland
Alwin Roloff & Co.	Hamburg 11	W. W. Swalef	Amstelveen
Steidtmann & Nagel	Hamburg 1	K. de Vries & Zoon N. V.	Barneveld
Federn-Union (Siber)	München	Gebr. Jonk	Volendam
Langer & Co.	München -Allach		
A. Warendorf GmbH	Büderich	Belgien 比利时	
		Lakebos GmbH. P. V. B. A.	Zonnebeke（Jeper）
		P. V. B. A. Plumes	Opwijk
Großbritannien 英国			
Billigheimer Ltd.	London E. C. 2	Portugal 葡萄牙	
E. Fogarty & Co. Ltd.	Boston. Lincolnshire	Adolf Pokorny	Lisboa
Glaser & Harris	Luton		
Hale & Son	London E. C. 3	Dänemark 丹麦	
A. Klauber & Son	London W 2	A. T. Möller & Co.	Kopenhagen
J. & A. Seymour Ltd.	Wembley		

Members of the International Feather Bureau (January, 1, 1974)
国际羽毛局成员（1974 年 1 月 1 日）

国家	所在地	国家	所在地
Italien 意大利		Ungarn 匈牙利	
Fratelli Babini	Russi(Ravenna)	TERIMPEX	Budapest
Gianni Bracciani	Milano		
F. Fabris	Chirignago(Venezia)	Polen 波兰	
Industria Italiana Penne e Piume	Milano	ANIMEX	Warschau
Kapokificip Piumifidie Naz, le spa	Genova		
Lavorazione Piume spa (SALPI)	Borgo a Buggiano (Pistoia)	Tschechoslowakei 捷克斯洛伐克	
Luigi Minardi	Lugo di Ravenna	Koospol	Prag
A. & C. Molina	Cairate(Varese)		
"Selp"-Soc.Emiliana Lavoraz. Piume	S. Lazzaro di Savena (Bologna)	Frankreich 法国	

Die Mitglieder der Chambre syndicale de la literie, Section plumes et duvets

B．Bedfeather Factories

B．填充用羽毛工厂

国家	所在地
USA 美国	
Belfer Brothers Comp.	Brooklyn 22, N. Y.
Knickerboker Feather Corp.	Brooklyn 22, N. Y.
Koss Feather Corp.	New York
Kramay Trading Corp.	New York
Manhattan Feather & Down Co.	Roslyn Heights, New York
B. & N. Padaver	New York 13, N. Y.
I. Padaver Inc.	New York 12, N. Y.
W. W. Swalef Import-Exp.	Fresno, Calif.
North American Feather Comp.	Grand Rapids, Mich
Canada 加拿大	
Mondial Feather and Down	Montreal
Hollander Comp.	Montreal

1. Bundesrepublik Deutschland
Die Mitglieder der Arbeitsgemeinschaft der deutschen Bettfedernindustrie

2. Österreich
Die Mitglieder des Fachverbandes Bekleidungsindustrie Österreich

3. Schweiz
Die Mitglieder der Vereinigung Schweizerischer Bettfedernfabriken

3. 未来面临的问题

The bed is never behind us but in front of us.

Jaegen

床从未在我们身后，而是在我们身前。

——贾根

关于填充用羽毛及其使用的记载已延续了一个多世纪。作者在本书中力图描绘填充用羽毛产业的历史、经济基础、原材料和理念。不仅描述了不同国家在货物生产和消费上的差异，还展示了一个阶段中填充用羽毛这一分支与其他部分的联系。当然，在整体叙述中也花一些力气介绍了和其他床品填充材料的竞争情况。未来充满了未知和无法估量的事情，我们不禁要问："未来将会如何？"

填充用羽毛除了要与竞争材料对抗外，加工商在采购原材料时也受制于某种依赖性。毕竟羽毛"仅仅"是家禽养殖业的副产品，而养殖的主要目的是肉食和肥肝生产，这些产品在很大程度上决定了羽毛的产量和产值。

填充用羽毛产业与其竞争对手的对抗由来已久，如羊毛、二手羊毛、木棉和最近的人造纤维，目前这些材料还没有真正影响到填充用羽毛市场。但我们必须意识到人造纤维仍处于技术发展阶段，并且可能引发"人造"羽绒的生产。但是，如果未来发展能赋予填充用羽毛易护理和可清洗的特性，增加其在消费者心目中的使用价值，填充用羽毛这一天然产品仍将在床品的全球市场中保持领军地位。而在一些气候与联邦德国相近、睡眠习惯与德国人相似的国家，填充用羽毛甚至可以巩固其在床品市场中的强势地位。这将带动法国、奥地利、瑞士、荷兰、比利时、卢森堡和英格兰等地填充用羽毛数量和质量的提高，这些国家有的已经出现增长趋势。

只要生产国的生产和内需保持平衡，向消费国供货应该不成问题。

从长期看，鸭毛生产将普遍增长。鸭子养殖利润更高，而且可以通过工业方法实现。久而久之，鸭毛一定会在床品上取代目前仍在少数国家普遍使用的鸡毛，未来填充用羽毛产业须为结构变化做好准备。集中生产带来的压力也会影响生产和加工流程，只有货物的大规模生产和充足储备才能保证持久供货和品质稳定。在未来，也许只有能把纯商业思维转化为合理工业原则的工厂，才能应对成本上涨的持续压力和其他填充材料的竞争。较大的企业会更具优势，更值得综合考虑合理资本化和设备现代化。国际羽毛局的任务将是洞察所有国家的市场情况，协助建立未来所需的各类工厂。

4. 现行制度和建议

国际羽毛局的现行制度和建议

a) 术语

b) 国际术语及其定义

c) 发表专家意见的原则

d) 取样和检验系统

e) 国际羽毛仲裁委员会

f) 国际羽毛羽绒交易条款

g) 国际羽毛局章程

h) 床上用品国际测量标准

a) 术语

从儿童游戏到专家会议，每个团体都会形成其特有的语言以满足专业术语需要。填充羽毛产业也有其专用术语，并有德　语、法语、匈牙利语、波兰语、英语和中文版本，如下所示。

Deutsch	Französisch	Ungarisch	Polnisch	English	中文
Gänsefeder	plume d'oie	libatoll	pióro gesie	Goose feather	鹅毛
Entenfeder	plume de canard	kacsatoll	pióro kacze	Duck feather	鸭毛
Hühnerfeder	plume de poule	csirketoll	pióro kurze	Chicken feather	鸡毛
Putenfeder	plume de dinde	pulykatoll	pióro indycze	Turkey feather	火鸡毛
Taubenfeder	plume de pigeon	galambtoll	pióro gołębie	Pigeon feather	鸽子毛
Seevogelfeder	plume d'oiseau aquatique	tengeri madártoll	pióro ptaka morskiego	Sea bird feather	海鸟毛
Wildgänsefeder	plume d'oie sauvage	vadlibatoll	pióro dzikiej gęsi	Wild goose feather	野鹅毛
Wildentenfeder	plume de canard sauvage	vadkacsatoll	pióro dzikiej kaczki	Wild duck feather	野鸭毛
Schwanenfeder	plume de cygne	hattyutoll	pióro łabędzie	Swan's feather	天鹅毛
Eiderentendaune	duvet de canard d'Eider	kacsacsecspehely	puch kaczy edredonowy	Eider duck down	欧绒鸭绒
Stoppelgans	oie grasse	hizott liba	gęś ścierniskowa	Stubble goose	碎秸鹅
Weidegans	oie commune	sovány liba	gęś pastwiskowa	Domesticated goose	家养鹅
Bratgans	oie à rôtir	pecsenyeliba	gęś do pieczenia	Roast goose	烧鹅
Rohfedern	plume brute	nyers toll	pióra surowe	Raw feather	原料毛
Originalware	marchandise d'origine	eredeti áru	towar oryginalny	Original merchandise	原始商品
Rupf	marchandise neuve d'origine	tépett toll	podskub	Plucked	拔（毛）
Lebendrupf	plume vive	elevenen tépett toll	podskub z żywych gęsi	Live plucked	活拔（毛）
Maschinenrupf	plume travaillée à la machine	géppel tépett toll	podskub sortowany maszynowo	Machine plucked	机器拔（毛）
Federn	plume	toll	pierze	Feathers	羽毛
Daunen	duvet	pehely	puch	Down	羽绒

术语
德语 / 法语 / 匈牙利语 / 波兰语 / 英语 / 中文

Deutsch	Französisch	Ungarisch	Polnisch	English	中文
Mastfeder	plume d'animal engraissé	etetett toll	pióro przyźółcone	Feathers f. fattened fowl	源自育肥家禽的羽毛
Stopffeder	plume d'animal gavé	hizott toll	pióro przetłuszczone	Feathers f. stuffed fowl	源自填饲家禽的羽毛
Langfeder	grande plume	hósszú toll	pióro długie	Long feather	长毛片
Flügelfeder	rémige-plume d'aile	szárnytoll	pióro skrzydłowe	Wing feather	翅羽
Schwanzfeder	rectrice-plume de queue	faroktoll	pióro ogonowe	Tail feather	尾羽
Schrägfeder	plume moyenne	ferde toll	pióro ukośne	Goosebroads	鹅翎毛
Posen	plume d'aile entière	szipkás tollzászló	długie pióra skrzydłowe	Moyen	翼羽
Drehfeder	biots	széles, nyuzott, tollzászló	pióro skręcone	Biots	浮漂毛
Flachfeder	satinée	lapos toll	pióro płaskie	Flat feathers	薄片
Mollen	coquille	kagyló toll	bokówki	Plumage	覆羽，羽衣
Unreife Feder	plume non développée	fejletlen toll	pióro niedojrzałe	Immature feather	未成熟毛
Halsfeder	collet	nyaktoll	pióro szyjkowe	Neck feather	头颈毛
Quills	grandes	hosszu, kemény toll	pióra twarde	Quills	羽杆
Kiel	tuyau de la plume	tollcséve	stosina	Quill	羽轴
Beifeder	hyporachis	fedőtoll	podpiórko	Attached feather	附羽
Bruch	cassé	törött toll	pióro złamane	Broken feather	损伤毛
Altfeder	vieille plume	öreg toll	pióro stare uszkodzone	Old feather	旧羽毛
Couchee	couché	használt toll	pierze używane	Second hand	二手
Fahne	panache	zászló	choragiewka	Favion	羽面
Flug	filament	letört pehely és tollsugár	odlot	Fiber	飞丝
Flaum	flocon de duvet	pehely	pióro puchowe	Down	羽绒
Hühnerflug	barbule de poulet	letört csirketoll sugár	odlot kurzy	Chicken fiber	鸡飞丝
Schmuckfeder	plume de parure	dísztoll	pióro ozdobne	Fancy feathers	花色羽毛
Staub	poussière	por	kurz	Dust	粉尘
Handschleiß	ébarbage à la main	kézzel fosztott toll	pierze darte ręcznie	Hand stripped	手剥（毛）
Maschinenschleiß	ébarbage mécanique	géppel fosztott toll	pierze darte maszynowo	Machine stripped	机器剥（毛）
Muster	échantillon	minta	próba	Sample	样品

Deutsch	Französisch	Ungarisch	Polnisch	English	中文
Angebotsmuster	échantillon d'offre	ajánlati minta	próba ofertowa	Offering sample	提供样品
Kaufmuster	échantillon d'achat	vételi minta	próba towaru sprzedanego	Buying sample	购买样品
Liefermuster	échantillon de livraison	szállitási minta	próba towaru dostarczonego	Delivery sample	交货样品
Zertifikat	certificat	igazolás	świadectwo	Certificate	证书
Reklamation	réclamation	kifogásolás	reklamacja	Complaint	投诉
Schiedsgericht	tribunal d'arbitrage	döntőbiróság	sad polubowny	Court of arbitration	仲裁法庭
Arbitrage	arbitrage	választott biróság	arbitraż	Arbitration	仲裁
Standard	standard	szabványminőség	standart	Standard	标准
Gewichtsdifferenz	différence de poids	sulykülönbözet	różnica wagi	Difference in weight	重量差
Zahlungsfrist	délai de paiement	fizetési határidő	termin płatności	Time allowed f. payment	付款期限
Lieferung ab Erzeuger	livraison départ	szállitás ab termelő	dostawa loco magazyn producenta	Delivery ex-manufacturer	工厂交货
Lieferung frei Grenze	livraison franco frontière	szállitás bérmentve határig	dostawa franko granica	Delivery free border	边界交货
Lieferung frei Haus	livraison franco domicile	szállitás bérmentve telepig	dostawa franko magazyn odbiorcy	Delivery free house	送货上门
Füllkraft	gonflement	töltőerő	prężność	Filling power	蓬松度
Fettgehalt	teneur en matière grasse	zsirtartalom	zawartość tłuszczu	Fat containing	残脂率
Feuchtigkeit	humidité	nedvesség	wilgotność	Moisture	水分（含量）
Mottenfraß	mité	molyrágás	uszkodzenie przez mole	Moth eaten	虫蛀
Werbebeitrag	contribution publicitaire	propaganda hozzájárulás	składka na reklamę	Contribution for promot.	推广费用
Weiße Feder	plume blanche	fehér toll	pióro białe	White feathers	白羽
Halbweiße Feder	plume demi-blanche	félfehér toll	pióro półbiałe	Half-white feathers	半白羽
Graue Feder	plume grise	szürke toll	pióro szare	Gray feathers	灰羽
Silberweiße Feder	plume blanc argent	ezüstszürke toll	—	Silver white feathers	灰白羽
Daunenhaltige Feder	plume duveteuse	pelyhes toll	pierze puszyste	Feathers contain. down	含绒羽毛

188

Deutsch	Französisch	Ungarisch	Polnisch	English	中文
Halbdaune	demi-duvet	félpehely	półpuch	Half down	半绒
Dreivierteldaune	trois-quart duvet	—	—	Three quarters down	高绒
Fedrige Daune	duvet plumeux	aprótollas pehely	półpuch	Feathery down	毛形绒
Reine Daune	duvet pur	tollmentes pehely	czysty puch	Pure down	纯绒
Fertigware	marchandise travaillée	készáru	towar gotowy	Finished merchandise	成品
Vorsortieren	marchandise pré-triée	előosztályozás	wstępne sortowanie	To pre-separate	预分
Entstauben	époussiérer	portalanitani	odkurzanie	To dust	除尘
Sortieren	trier	osztályozni	sortowanie	To separate	分（毛）
Waschen	laver	mosni	pranie	To wash	清洗
Blauen	bleuir	kékiteni	nabłękitnianie	To dye blue	染蓝色
Bleichen	blanchir	fehériteni	wybielanie	To bleach	漂白
Aufhellen	éclaircir	felgőzölni	rozjaśnianie	To lighten in color	提亮
Antistatisch	antistatique	—	antystatyczny	Free of electric charge	除静电
Zentrifugieren	essorer	centrifugálni	odwirowywanie	Putting in a centrifuge	放入离心机
Trocknen	sécher	száritani	suszenie	To dry	干燥
Entspitzen	éliminer les grandes plumes	—	usuwanie twardych piór	To take the quills out	去除大毛片
Rückstand	déchet	hátralék	pozostałość	Residue	杂质
Curlen	broyer	—	zmiekczanie	To curl	卷曲
Kräuseln	friser	bodrozni	karbowanie	To curl	卷曲
Mischen	mélanger	keverni	mieszanie	To mix	拼堆
Keratin	kératine	keratin	keratyna	Keratin	角质
Inlett	coutil	angin	inlet	Ticking	棉布
Konfektion	confection	tömeggyártmány	konfekcja	Manufac. of finish. goods	成品生产
Daunendecke	édredon	dunyha	kołdra puchowa	Down comforter	羽绒被
Steppdecke	couvre-pieds	paplan	kołdra pikowana	Quilt	被子
Kopfkissen	oreiller	fejpárna	poduszka	Pillow	枕头

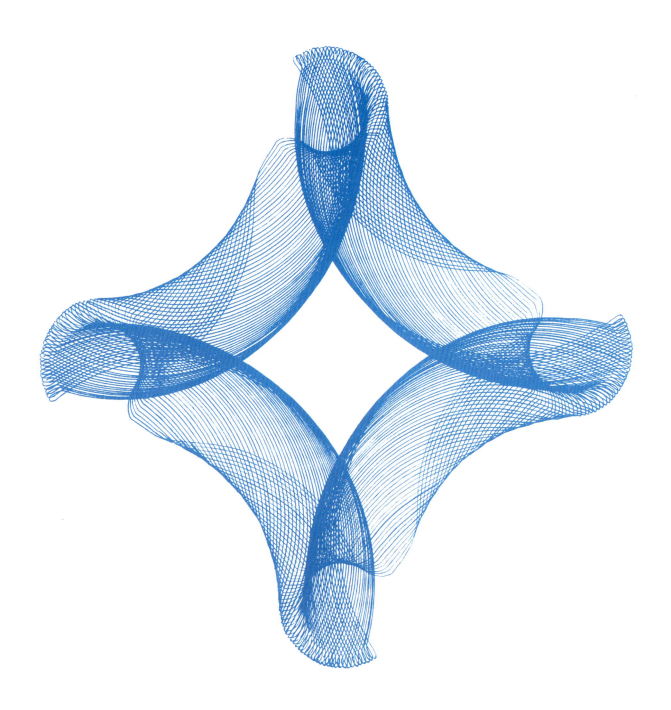

b) 国际术语及其定义
（1973 年 5 月 2 日于阿尔蒂尼城堡酒店制定）

原料毛：

用机器或手工从动物身上取下的羽毛或羽绒称为"原料"。湿拔、为运输或存储而保留的羽毛或羽绒，也是原料毛。

羽毛：

须经加工，为消费者即得即用。

这意味着羽毛须经清洗和约 100 摄氏度（212 华氏度）热处理杀菌，通常还须分毛后与不同批次羽毛拼堆。

未成熟毛：

未完全发育的羽毛。

卷曲毛：

被机器折断的羽毛。

剥毛：

a) 手工剥毛：手工将附着在羽轴上的羽面剥离。

b) 机器剥毛：将羽毛打碎。

损伤毛：

至少损伤为两部分的羽毛。

旧羽毛（二手）：

羽毛曾被用于床品、靠枕或坐垫，使用时长未知。

长毛片（羽轴）：

大的翅羽或尾羽。

飞丝：

羽面上脱落的松散羽枝，或脱离绒核的绒丝。

附羽：

附着在家禽羽毛羽茎末端的小羽毛。

拔（毛）：

原始毛的同义词［之前与活拔（毛）同义］。

填饲（毛）：

源自填饲家禽的所有羽毛或羽绒。

育肥（毛）：

源自育肥家禽的羽毛或羽绒，含大量脂肪，且颜色稍黄。

含绒羽毛：

没有明确的羽绒含量详情的羽毛。在特定情况下，羽绒含量由国家法规或用途决定。

颜色：

使用术语"白""半白"和"灰"（也用于异色毛绒）。

增重：

人为加入较重杂质（如重晶石、盐等），以增加重量（用于羽绒成品，使其具有特殊性能的化学试剂及其残留物不视为增重）。

c) 发表专家意见的原则
（1965 年 10 月 4 日于维也纳制定）

A. 羽毛和羽绒的定义

以下定义适用于国际批发市场：

1. 朵绒

鹅和鸭身上最好的羽毛，没有羽茎，只有绒核。

2. 毛片

须有未破损的羽茎和羽面。

未成熟毛：有尖头、羽轴未长全的羽毛，还未生长成熟。

3. 损伤毛

基本保持原有形状；部分羽面缺失，或羽茎顶端/末端缺失。

4. 破损毛

所有其他破损毛及其残片，通过部分羽茎仍连在一起。

5. 绒丝羽丝

没有绒核的单根绒丝，或羽面上单根羽枝。

6. 加工羽毛

原有形状被机械加工或手工改变的所有羽毛，例如手剥（毛）、机器剥（毛）和卷曲毛。

B. 专家意见

上述定义适用于发表专家意见。产品成分须以重量百分比来规定；另外，须区分原始产品和二手货物。

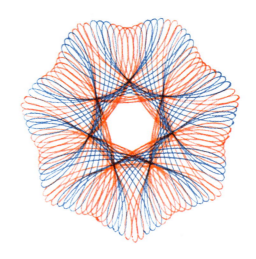

d) 取样和检验系统

1. 取样原则

1.1 从散装批次中取样

始终遵循"均匀样品"原则，在重约 1 千克、充分混合的羽毛批次样品中从至少 10 个不同位置取样。统一从各批次的底、中、上层的中央和四角取样。集中混合抽取的所有样品，得到"均匀样品"。

1.2 从包装批次中取样

对于用袋子或包裹包装的羽毛，应至少从 10% 数量的包裹（袋子）中取样。从包裹的上、中、底层抽取等量羽毛，根据第 1.1 条得到"均匀样品"。

1.3 取样量和描述

应以同样方式提供、参考和检验样品，样品重量应为 200~300 克左右。存储袋上须有货物种类、取样地点、取样日期和取样者的称呼等详细信息。

1.3.1 如果水分含量至关重要，应将抽取的样品立即装入密封容器中。

1.4 争议取样

争议取样，例如，如果争议相关方中有一方要求，相关方可当面取样。在争议事件、投诉和仲裁程序中，必须进行争议取样。

1.5 委托

可委托国际羽毛羽绒仲裁委员会或其他争议方同意的权威机构取样。如果没有其他协定，责任安全保管期限为 3 个月。

2. 检验原则

2.1 外观判断

2.1.1 外观判断通过清点不同组成部分或相互对比样本来完成。应确定以下几点：

不同标准羽毛的比例、杂质、添加物、色泽，

羽毛的来源、品质、年代、成熟度及磨损度，

气味和水分含量。

2.1.2 应在检测台上进行检验，检测台表面应统一为深蓝色（藏青色）。灯光须均匀照射，无反光，光源应来自上方或北侧。

2.1.3 对比样品时，应从各样品取出等量羽毛、平摊开、并排放置。通过双手反复移动一定量所测羽毛的位置，以便对颜色和成分差异做出最佳判断。

2.2 化学和物理检测

该类检测应由公认机构执行，必要时可在有空调设备的环境下操作。检测涉及羽毛的脂肪和粉尘含量、清洗、漂白和储存的效果、羽毛上的其他化学试剂以及水分吸收等。

2.2.1 根据商定的方法进行检验。技术测试方法的选取无需商定。

2.2.2 物理和化学测试分别进行 3 次，取测试值的平均值作为测试结果。

e) 国际羽毛仲裁委员会

国际羽毛仲裁委员会

（此协定由以下署名协会共同遵守）

巴黎，1953 年 3 月 16 日——加米施 - 帕滕基兴，1954 年 5 月 21 日

§ 1：

兹决定成立国际羽毛仲裁委员会，确保销售样品和交货的一致性，应对填充用羽绒羽毛原料或其成品的买卖双方在外贸中产生的纠纷。

§ 2：

国际羽毛仲裁委员会设在德国羽毛行业协会位于法兰克福中央车站 12 号的办公室，后者也将成为仲裁委员会的秘书处。

§ 3：

仲裁会议在上述办公地址进行，但委员会也可以选择其他地点。

§ 4：

国际羽毛仲裁委员会的仲裁员数量至少为 2 位或 4 位，不得超过 6 位，由本协定签署方列出的羽毛专家担任，纠纷各方指定的仲裁员数量应相等。

§ 5：

(a) 在向仲裁委员会提交纠纷之前，秘书处会尝试提出纠纷方相互接受的调解方案。

(b) 裁决书依据仲裁员投多数票的决议作出。仲裁员数量为 4 或 6 时，如果未能投出多数票，则应增加一名仲裁员（如有必要可抽签选定），共同在场时作出决定，形成裁决书并由所有仲裁员签署。

§ 6：

仲裁委员会的裁决应为最终裁决，不得上诉，且不得到法庭起诉裁决。

§ 7：

仲裁委员会的程序

(a) 申请仲裁委员会协调的一方应在其申请中提交以下详细内容：

(1) 签署合同的合作伙伴名称。

(2) 涉及纠纷的交付货物货值、数量和性质。

(3) 索赔声明复印件：声明必须是在货物抵达目的地（铁路终点站）后十（10）日内直接发送给供应商。

送样和交货样也须提交。

(b) 办公室通知合同合作伙伴，要求其提供对等样品。秘书处尝试提出第 5（a）条所述的调解方案。如果不能达成一致，则尽快向仲裁委员会提交仲裁申请。

(c) 纠纷方指定并商定仲裁员后，将得知召开听证会的确切日期，纠纷方可从对方货物中提取样品。仲裁的裁决依据听证会上纠纷方陈述的事实得出。如果交货不符合标准，相差的程度应表述为百分比。如果交货差异是可忽略不计的（例如：约低于 3%），投诉则被视为不成立。每份 2.5~3 盎司的销售样品和交货样品应作为仲裁的基础和依据。

为避免后续纠纷，针对合同约定的样品，买卖双方均可要求对方提供 2 份密封样品，供应方须另外再提供 2 份密封样品。

购买方须保留一件未开封的对等样品。任何海关机构开启密封样品须将其恢复。

合同双方提交销售样品后，可以亲自密封。

(d) 秘书处通过挂号信通知纠纷双方仲裁结果。报告中须提到仲裁员的姓名。

§ 8：

费用

仲裁委员会的仲裁员是一种荣誉身份，但其因参与仲裁产生的费用将允许报销，费用总额须在仲裁报告中说明。

如果仲裁委员会认为购买方的投诉不成立，费用应由购买方承担；在其他所有情况下，费用应由供应方承担。如果仲裁会议同时处理多个仲裁要求，则根据仲裁金额分担总费用。

§ 9：

非本协议签署方的公司或个人也可向仲裁委员会申请仲裁。在这种情况下，除一般费用外，还将收取仲裁金额的 2%，此笔费用由申请方提前支付。

Chambre Syndicale Nationale de la Literie Section des Plumes et Duvets, Paris Le Président Netter	法国联盟商会 床品羽绒被分部，巴黎 主席 内特
Fachverband der Bekleidungsindustrie Österreichs Verband der Bettenindustrie, Wien Der Obmann Nowak	奥地利服装行业协会 床品协会，维也纳 主席 诺瓦克
Arbeitsgemeinschaft der deutschen Bettfedernindustrie e. V., Frankfurt/Main Der Vorsitzende Künsemülle r	德国羽毛行业协会 美因河畔法兰克福 主席 昆泽米勒
Assoziazione Italiana della Piuma, Milano p. Il Presidente Bracciani	意大利羽毛协会，米兰 主席 布拉奇亚尼

f) 国际羽毛羽绒交易条款

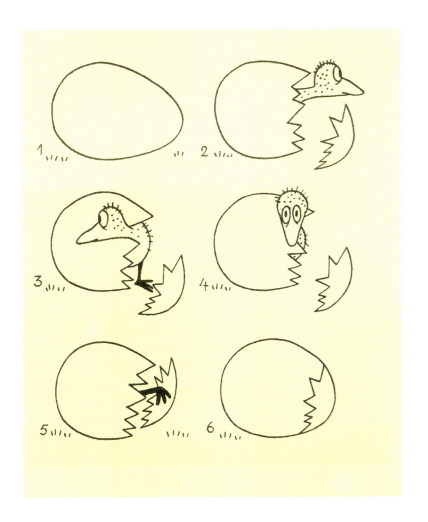

《国际羽毛羽绒交易条款》
由以下署名协会制订

加米施 - 帕滕基兴，1954 年 5 月 21 日

巴登 - 巴登，1963 年 10 月 8 日

1. 订单

接受报价首选信件或电报确认，不可仅通过电话确认。此外，带有限制性条款的确认应获得权威机构发放的许可（进口、出口和付款许可）。

可以要求国际仲裁办公室审查进出口许可的拒发，防止购买方或供应方单方以未获得许可为由取消合同。如果交货期间未能获得权威机构的必要许可，可取消合同。

2. 价格

买卖双方应商定所有价格，包括交付货物至供应商国家边境的运费。

3. 发货

发货到边境的运费、保险和其他费用应由供应商承担。

4. 包装

应使用袋子包装，并单独开票。

5. 重量

货物重量应视为有约束力。运输途中因水分含量造成重量损失，
在欧洲以内失重 1% 以上，
在欧洲以外失重 2% 以上
则应向供应方收取费用。

6. 交货时间

须在报价中规定的交货期限内交货；为满足本条规定，应最迟在交货期限的最后一天交货。

如果供应方未能如期交货，且双方未明确商定不得延长期限，购买方须给予供应方 10 日延长期限。如果供应方未能在延长期限内交货，购买方可以撤销合同，并要求供应方对未能交货进行赔偿。如果发生不可抗力的情况，应免除供应方和购买方在此类情况期间履行上述义务，此类情况应包括一方工厂发生的罢工、交通困难或复杂技术问题。

"即期交货"应被理解为在两周内发货。

两周时间应从供应方得知购买方已经取得必要的进口和付款许可之日算起。

7. 投诉

以下条件适用于产品质量投诉：

(a) 货物运达目的地（铁路终点站）后，购买方须检查货物，不得延误，如发现明显差别，须立即通知供应方。投诉期限为货物运达目的地（铁路终点站）后十（10）日内。

(b) 为方便进一步检查，投诉货物应保存在原包装内。

(c) 如果购买方未在规定期限内投诉，视为其接受货物。通过彻底检查而无法发现的隐藏差异问题不受投诉期限限制。特别是以下隐藏差异：

掺入杂物增加重量；

同一袋子中不同层的羽毛质量不均匀。

(d) 如果发生购买方控制能力以外的情况（如清关困难），购买方应通过传真或电报立即通知供应方，投诉期限相应延长。

(e) 重量投诉的期限也应是货物运达目的地后十（10）日内；货物运达目的地后十（10）日内，经官方称重，制作详细的重量清单后，重量投诉方可生效。

如果存在投诉中声称的质量差异，位于美因河畔法兰克福的国际羽毛仲裁委员会有权处理。

8. 付款条款

双方应为各种具体情况商定付款条件。

Chambre Syndicale Nationale de la Literie Section des Plumes et Duvets, Paris Le Président Netter	法国联盟商会 床品羽绒被分部，巴黎 主席 内特
Assoziazione Italiana della Piuma, Milano p. Il Presidente Bracciani	意大利羽毛协会，米兰 主席 布拉奇亚尼
Fachverband der Bekleidungsindustrie Österreichs Verband der Bettenindustrie, Wien Der Obmann Nowak	奥地利服装行业协会 床品协会，维也纳 主席 诺瓦克
Arbeitsgemeinschaft der deutschen Bettfedernindustrie e. V., Frankfurt/Main Der Vorsitzende Künsemüller	德国羽毛行业协会 美因河畔法兰克福 主席 昆泽米勒

1963 年 10 月 8 日巴登 - 巴登全体会议决议修正案

付款条款——折扣

如果没有其他协议达成，发票应在以下期限内支付：

(a) 对于欧洲产品的交货，发货后至少 30 日后。

(b) 对于海外产品的交货，由欧洲目的港二次发货后至少 15 日后。

以上期限到期后，超出时间将收取每月 0.5% 的利息。

如果在发货后 15 日内以现金支付欧洲货物货款，应给予 0.5% 的折扣。

g) 国际羽毛局章程
（1973 年 5 月 3 日董事会版本）

§ 1 成员资格

国际羽毛局基于 1958 年 7 月 1 日达成的协议成立，目前位于美因河畔法兰克福，公会、出口协会和私营公司均可申请加入，是否准入由咨询委员会决定。私营公司的加入，须经其所在国的公会（如有）同意。

§ 2 职责

国际羽毛局的职责：

a) 促进羽毛及其制品的宣传；

b) 管理国际羽毛仲裁委员会，1953 年 3 月 16 日和 1954 年 5 月 21 日制定的章程对国际羽毛仲裁委员会的活动仍有效；

c) 解释并进一步完善 5 月 21 日制定的《国际羽毛羽绒交易条款》。基本职责扩展需经全体会议决议通过。

§ 3 咨询委员会

咨询委员会负责管理国际羽毛局，委员会自行选举主席和两位副主席，任期为三次全体大会。

咨询委员会成员由成员协会和出口协会委派代表组成。协会主席自动成为咨询委员会成员。没有全国公会的国家，其咨询委员会代表可由全体会议直接选举产生。

新加入国际羽毛局的公会或出口协会有权委派资格成员在咨询委员会进行投票。成员数量暂由咨询委员会决定。

咨询委员会可以邀请专家或嘉宾参加会议。

咨询委员会主席在其认为必要时可召开咨询委员会会议。通常提前三周发出会议通知。如有要求，咨询委员会会议应至少由三位成员召集。

在重要情况下，主席可以任命特别委员会履行明确限制的特定职能。

§ 4 咨询委员会的权利

咨询委员会的职责是执行并管理根据第 2 条做出的决议和行动。为履行职责，使用其任命的管理层。

鉴于国际羽毛局及其咨询委员会的特定财务费用需要，咨询委员会可决定募集所需的资金。

§ 5 成员会议

全体会议是处理国际羽毛局所有事务的最高权力机构。根据咨询委员会决议至少每 3 年召开一次。条件允许时应在国际大会期间召开。

§ 6 推广宣传

与消费国有关协会单独商定用于宣传的资金募集方法和途径，消费国的省级机构负责管理和使用资金，且有义务保证资金专用于宣传。

§ 7 通知条款

本协议无限制期。各成员有权在年底退出本协议，但需提前 6 个月告知。

h) 床上用品国际测量标准

物品	尺寸(厘米)	德国	瑞士	奥地利	法国	意大利
被褥	60×90		×			
	65×75		×			
	65×100		×			
	65×110				×	
	65×130				×	
	80×100		×			
	90×120		×			
	90×130				×	
	90×150				×	
	100×130	×			×	
	100×150				×	
	100×160				×	
	120×160		×			
	130×150				×	
	130×180	×				
	130×190			×		
	130×200	×				
	135×170		×			
	135×180		×			
	135×200	×				
	140×160				×	
	140×200	×		×		
	150×160				×	
	150×170				×	
	150×200	×				×
	160×200	×				
	180×180		×			
	180×200		×			
	200×200	×				
	250×200					×

物品	尺寸(厘米)	德国	瑞士	奥地利	法国	意大利
枕头	40×50	×	×		×	
	40×60			×	×	
	45×60				×	
	45×70				×	
	50×60		×			
	50×66					
	50×70	×				×
	50×76					
	50×91					
	60×60		×		×	
	60×80			×		
	65×65		×		×	
	70×90			×		×
	80×50					
	80×80	×				
垫子	80				×	
	90				×	
	100				×	
	120				×	
	130				×	
	140				×	
	150				×	

结果：几乎没有一个国家的被褥、枕头和垫子尺寸是一样的。

Not machines were at the beginning
of ready –made clothes,
but the busy hands
of the sewing girls.
最初做出衣服的并不是机器，而是缝纫女工勤劳的双手。

威利·施密特·利布的水粉画

200

Bibliography and Sources:

Sources of Illustrations

The editor wants to thank all those who assisted in providing material of illustration, especially Terimpex, Warsaw (Mr. Tamás Nagy) and Animex Warsaw (Mr. Andrezej Kowalczyk).

Seite 12: Albrecht Dürer (1493)

Seite 14: Putte von Ferdinand Tietz aus "Würzburg im Bild" (1956) von Willy Schmitt-Lieb

Seite 15:

Modo di volar (Stich aus dem Disparates) von Franzisco de Goya

Seite 17: Abb. aus Collier's Encyclopedia

Crowell-Collier Educational Corporation, 1970

Seite 18/19:

Technologia Pierzarstwa K. Deregowski — J. Zielinski, Warschawa

Seite 20/21:

Reproduktionen aus "Vom ersten Wissen" von Parker Bertha Morris

Seite 22:

Albrecht Dürer "Blaurake", Reproduktion eines farbigen Blattes

Seite 27, 32 und 39: Aus Holles Kunstgeschichte I

Seite 28/34/35: Zwei Vignetten aus bzw. nach "Grzimeks Tierleben"

Seite 31:

Schallschwinge der Zwergpfeifgans aus "Grzimeks Tierleben"

Seite 39: Elfenbeinerne Schminkdosen im ägyptischen Stil aus "Schönheitskult und Frisierkunst im Spiegel der Zeit" von Willy Schmitt-Lieb (1967)

Seite 44: "Das Bankivahuhn" aus "Auf dem Weg mit Federn und Daunen" von Willy Schmitt-Lieb

Seite 45: Der Hahn auf dem Gewichtsturm der astronomischen Uhr im

Straßburger Münster, Kunstführer Straßburg

Seite 49 und 94: Farbfoto und Foto von der Animex Warschau

Seite 50: "Die Marktfrau" (Ungarn) von János Jankó

Seite 51: "Geflügelmarkt" von Lajos Deak Ébner (Ungarische Nationalgalerie)

Seite 52: Foto von M. Drouault, Le Mans und Graphik des Autors

Seite 55: Foto: Schwarz von Berg

Seite 57: "Gänse" von Saitoshi aus Japan

Seite 58:

"La Cuoca — die Köchin", Öl von B. Strozzi, Palazzo Rosso Genua

Seite 60/61: Vignetten aus "Gesammelte Abhandlungen" von Professor Dr. Konrad Lorenz

Seite 65:

Max Liebermann "Die Gänserupferinnen", National Galerie Berlin

Seite 67:

Jan Stanislawski "Schleißen von Federn", National-Museum Kraków

Seite 68: Alfred Sisley "Gänse", Pastell, Sammlung Majowszky

Seite 69: A. D. Kiwschenko "Sortierung von Federn", Staatl. russ. Museum Leningrad

Seite 71: Kappensäger und Mandarinerpel aus "Grzimeks Tierleben"

Seite 75: North American Feather Company, Inc. Evergreen S. E. Michigan, USA

Seite 84: Picasso 2 Blätter "Die Hähne", Sammlung Miss Etta und Dr. Claribel Cone, Baltimore

Seite 87/91: Farbfotos von Terimpex/Budapest

Seite 92: Hipolit Lipinski "Jahrmarkt auf dem Kleparz-Platz in Krakau", Nationalmuseum in Warszawa

Seite 96: Alois Schönn "Gänsemarkt in Krakau", Österr. Galerie Wien

Seite 97: Fotos: Werner Neumeister aus Merian Heft 2/XXVII Prag

Seite 101: Foto zur Verfügung gestellt von Firma Mathieu Netter, Paris

Seite 109: Foto zur Verfügung gestellt von By-Products, Peking

Seite 111: Handsortierung in China, Originalfoto zur Verfügung gestellt von Fa. Reiber

Seite 115: Foto aus "Die großen Rätsel unserer Welt" von Roland Gööck, Keilschriftstein aus dem Museum von Bagdad

Seite 120: Tuschzeichnung aus dem Buch "Auf dem Weg mit Federn und Daunen" des Autors

Seite 126/127: Holzschnitte zu Petri de Crestentijs über den Landbau, Quelle: Bayerisches Staatsarchiv Würzburg

Seite 133/139:

Farbretuschen von Fa. Conrad Engelke, Hannover-Limmer

Seite 135/138/147: Farbretuschen von Fa. L. H. Lorch, Esslingen

Seite 137: Reproduktionen einer englischen Karikatur von W. Heath Robinson, zur Verfügung gestellt von Frankfurter Bettfedernfabrik

Seite 138: Karikatur (Mitte 19. Jahrh.) Vignette

Seite 140: Graphik: O. Gulbransson

Seite 143: Schnitt: Göppinger Apparatebau, Vignette

Seite 145: Alter Kupferstich "Der Weber" aus einem Ständebuch des 17. Jhrh.

Seite 146: Albrecht Dürer (Federzeichnung) aus dem Jahre 1493

Seite 152/153:Zeitgenössische Graphik aus dem Jahre 1817

Seite 166: Aktstudie nach Tintoretto, Kreide, weiß gehöht auf halbbraunem Papier, Florenz, Uffizien, Slg. Santarelli Nr. 7487 aus "Europäischen Handzeichnungen" von Bernhard Degenhart, S. 108, Atlantis-Verlag, Berlin/ Zürich 1943

Seite 169: Reproduktion "Tagesrhythmus einiger Funktionen", (nach W. Scheidt, Wörterbuch der Psychologie, Hehlmann-Kröner-Verlag 1968)

Seite 170: Vuillard "Im Bett", Musée National d'Art moderne, Paris, Toulouse-Lautrec "Das Bett", Louvre, Paris

Seite 171/13: Fotos aus der Kathedrale "Saint Nazaire", Autun

Seite 173: Farbfoto vom Chateau Amboise (AS)

Seite 174: Foto "Himmelbett", Bad Tölz 1823 aus Bayern Kunst und Kultur, Prestel-Verlag 1972

Seite 176: Farbfoto Restaurant "Le Coq Hardy", Paris Bougival

Dr. Willy Schmitt-Lieb, Würzburg: Zeichnungen, Aquarelle, Spirographiken, Untermalungen, col. Graphiken, Porträts und Ölbilder:

1, 2, 4, 6, 8, 14,16, 24, 25, 26, 29, 30, 31, 34, 38, 40, 41, 42, 43, 44, 45, 46, 47, 53, 54, 56, 58, 59, 62, 63, 66, 70, 71, 72, 74, 76, 78, 81, 85, 99, 100, 102, 103, 104, 107, 108, 113, 115, 116, 117, 120, 128, 129, 131, 132, 142, 143, 158, 164, 175, 178, 179, 180, 181, 185, 190, 192, 201

Books consulted:

Other sources besides the ones already mentioned include Bureaus of statistics and Chambers of Commerce of countries cited in this book. In addition information and dates were provided by representatives of the entire feather industry from the collector of the raw product to the owner of the bedding store. Of the many experts who assisted me in writing this book I would like to mention a few to represent each and every one — Mrs. Sklenarska, Animex, Warsaw; Messrs. Viktor Glaser, New York, and Tomas Nagy, Budapest.

Barnett Lincoln und Redaktion "Life", Die Welt in der wir leben, Droemersche Verlagsanstalt Th. Knaur Nachf. München/Zürich 1956

Bell J. Munro, The Furniture Designs of Chippendale, Hepplewhite and

Sheraton. Zusammengestellt von J. Munro Bell, mit Einführung und kritischer Würdigung von Arthur Hayden und einem Essay von Charles Messer Stow. The Cresset Press, London 1938

Birrell Francis Frederick Locker und Lucas Frank Laurence, The Art of Dying: an anthology. The Hogarth Press, London 1930

Bohatta Ida— Morpurgo, Die Himmelsküche, Verlag Josef Müller,München 1933

Brahe Till, "Biologie, die uns angeht" (herausgegeben von Rüdiger Proske), Verlagsgruppe Bertelsmann GmbH/Bertelsmann Lexikon-Verlag, Gütersloh

British Museum .(Natural History), The Bed-Bug: its habits and life history and how to deal with it. Economic Series, No. 5. 7. Aufl. Trustees of the British Museum, London 1954 a

British Museum (Natural History), Lice. Economic Series, No. 2a. 3. Aufl. Trustees of the British Museum, London 1954 b

British Museum (Natural History), Fleas: their medical and veterinary importance. Economic Series. No. 3a. Trustees of the British Museum, London 1958

Cabanès Augustin, The Erotikon. Being an illustrated treasury of scientific marvels of human sexuality. Engl. von Robert Meadows. Falstaff Press, New York 1933

Cortesi Mario, Frank A. Meyer, "Notizen aus China", Verlag Ernst Gloor

Cunnington Cecil Willett und Cunnington Phillis, The History of Underclothes. Michael Joseph, London 1951

Daix Pierre, Boudaille Georges, Picasso, Editions Ides et Calendes, Neuchatel 1966, der deutschen Ausgabe 1966, F. Bruckmann KG, München

Degenhart Bernhard, "Europäische Handzeichnungen", Atlantis-Verlag, Berlin/Zürich 1943

Diamond Edwin, Schlafen wissenschaftlich, Paul Zsolnay Verlag, Wien/ Hamburg 1964

Dingwall Eric John, The Girdle of Chastity: a medico-historical study. Routledge, London 1931

Eden Mary, Carrington Richard, "Kleine Philosophic des Bettes", Steingrüben Verlag, Stuttgart 1963

Frazer James George, Totemism and Exogamy. London. Bd. 1, S. 73; Bd. 4, S. 244—255: "Couvade", 1910

Frazer James George, The Golden Bough: a study in magic and religion. 3. Aufl.; 13 Bde. Macmillan, London 1911—36

Furnisher's Encyclopaedia, The. Hrsg. von Michael Sheridan. National Trade Press, London. 3. Abt., S. 119—148: "Beds and Bedding", 1953

Gööck Roland, Die großen Rätsel unserer Welt, An den Grenzen des menschlichen Wissens, Praesentverlag Heinz Peter, Gütersloh und Bertelsmann Sachbuchverlag Reinhard Mohn, 1969

Göppinger Apparatebau GmbH (gabac)

Gray Cecil and Gray Margery, The Bed, or the clinophile's rods mecum. Illustriert von Michael Ayrton. Nicholson and Watson, London 1946

Grimm Brüder, "Frau Holle", Verlag Josef Müller, München 1957

Grzimek Dr. Dr. h.c. Professor, Direktor des Zoologischen Gartens Frankfurt/ M., "Grzimeks Tierleben", Enzyklopädie des Tierreiches, Kindler Verlag AG, Zürich 1968

Havard Henri "Dictionnaire de l'Ameublement et de la Décoration" (1867)

Jacquemard Simone, "Der Vogel", BLV Bayerischer Landwirt-schaftsverlag GmbH, München/Basel/Wien 1967

Julien Edouard, "Toulouse-Lautrec", Imprimé en Italie— 1965 Ufficipress S.A. Lugano. Tous droits réservés pour la langue francaise à la Librairie

Flammarion, Paris

Khuon Ernst von, "Kulturen, Völker und Reiche vergangener Zeiten", Der Mensch in seiner Welt. Bertelsmann Reinhard Mohn, eine Bilddokumentation herausgegeben von Roland Gööck

Klass, v. Gert, "Unternehmer in 4 Generationen" Festschrift der Fa. Werner u. Ehlers, Hannover-Linden 1961

Kleitman Nathaniel, Sleep and Wakefulness as alternating phases in the cycle of existence. University of Chicago Monographs in Medicine, University of Chicago Press, Chicago 1939

Klös Dr. Heinz-Georg, "Das Wassergeflügel der Welt", Verlag Paul Parey, Hamburg/Berlin 1961

Lorenz Konrad, "Über tierisches und menschliches Verhalten". Ausdem Werdegang der Verhaltenslehre, Band I und Band II. R. Piper & Co. Verlag, München 1965

Maclay George und Knipe Humphry, "Adam im Hühnerhof", Dominanzverhalten am Beispiel der menschlichen Hackordnung. George Maclay und Humphry Knipe 1972. Deutsche Ausgabe: S.Fischer Verlag GmbH., Frankfurt/Main 1972

Parker Bertha Morris, "Vom ersten Wissen". Das große bunte Buch vom Leben in der Welt. Otto Maier Verlag, Ravensburg 1956

Peterson Roger, Mountfort Guy, Hollom P. A. D., "Die Vögel Europas". Verlag Paul Parey, Hamburg/Berlin 1973

Pincher Henry Chapman, Sleep: how to get more of it. Illustrationen von Artie. Daily Express, London 1954

Pracht Dr. Karl, "Federn und Daunen". Thiemann'sche Verlags-buchhandlung, Wiesbaden

Prebe Paul Dr. phil., habil., "Duden", Etymologie. Bibliographisches Institut, Mannheim, Dudenverlag 1963

Reynolds Reginald, Beds: with many noteworthy instances of lying on, under or about them. Deutsch, London 1952

Rothenstein Sir John, "Hundert Meisterwerke der Malerei". Verlag Shorewood Publishers Inc., New York 1965

Sarasin, Karl Friedrich (Fritz) "Schlafmethoden" in Ethnologischer Anzeiger 4 (1944)

Schmeil Otto, "Leitfaden der Tierkunde". Verlag Quelle & Meyer, Heidelberg 1951

Schmitt-Lieb Dr. Willy, "Auf dem Weg mit Federn und Daunen". Herausgeber: Arbeitsgemeinschaft d. deutsch. Bettfedern-Industrie

Schmitt-Lieb Dr. Willy, "Schönheitskult und Frisierkunst im Spiegel der Zeit". Herausgeber: Eurofriwa, Köln 1967

Schmitt-Lieb Dr. Willy, "Würzburg im Bild", 1956, Richterdruck

Schmitz Hermann, "Das Möbelwerk". Verlag Ernst Wasmuth, Tübingen 1951

Scott George Ryley, Curious Customs of Sex and Marriage: an inquiry relating to all races and nations from antiquity to the present day. Torchstream Books, London 1953

Stopes Marie Carmichael, Sleep. Chatto und Windus, London 1956

Turner Ernest Sackville, A History of Courting. Michael Joseph, London 1954

Viollet-le-duc Eugene Emmanuel, Dictionnaire raisonné du Mobilier Francais de l'époque carlovingienne à la Rénaissance. 6 Bde. Paris. Bd. 1: "Meubles", S. 171—187: "Lit", 1855—58

Wagner-Wittgen, "Die Schule der Jungbäuerin", Paul Parey, Berlin/Hamburg 1952

Westermarck Edward, The History of Human Marriage. London 1891

Wenz-Vietor Else, "Haustierkunde", Verlag Josef Müller, München 1956

Zoozmanns, "Zitatenschatz der Weltliteratur". Hesse & Becker Verlag, Leipzig 1915

DOWN PLUS

—— TRACE MY DOWN ——

DOWN PLUS 系统

由羽绒博物馆提供支持
POWERED BY DOWN MUSEUM

—— DOWN IS FUTURE ——

DOWN PLUS

羽绒博物馆

DOWN PLUS(绒佳系统)是致力于为公众提供羽绒填充料查询及科普服务的综合信息系统。

使用绒佳系统防伪缝标的羽绒制品均使用了通过绒佳系统认证的羽绒填充料。消费者可通过扫描防伪缝标上的二维码来查询对应羽绒填充料的相关信息，了解产品特点，追溯产品来源，进而更直观地甄别产品的优劣。

DOWN PLUS系统追羽溯绒，将真正的好产品展现给消费者。

2017年，三星羽绒在江苏南通创建了全球首家羽绒博物馆，赢得了国内外羽绒业界的一致好评。

馆内收藏了200余本羽绒羽毛科普读物（涉及古今中外羽毛读物，其中不乏全球性珍本、孤本）和近百只国家水禽遗传资源基因库里的纯正鹅鸭标本，收集了全球30多个国家和地区的精品羽绒和羽绒家纺床品。

羽绒博物馆设有"中国馆""北美馆""德国馆""日本馆"等八个国际馆，为弘扬羽绒文化，维护羽绒行业秩序，推广羽绒消费普及，推动羽绒产业健康发展起到积极的引导作用。

图书在版编目（ＣＩＰ）数据

羽毛飘扬天下 /（德）威利·施密特·利布主编；毛凤伟等译. --
上海：东华大学出版社，2021.1
    ISBN 978-7-5669-1797-3
    Ⅰ.①羽… Ⅱ.①威… ②毛… Ⅲ.①羽毛 – 产业发展 – 研究 Ⅳ.
① F407.899

中国版本图书馆 CIP 数据核字 (2020) 第 194423 号

责任编辑：谢 未
装帧设计：王 丽

羽毛飘扬天下

主 编：威利·施密特·利布
译 者：毛凤伟 蒋于龙 王孜怡 兰冰洁 潘秀珍 朱世敏
出 版：东华大学出版社
（上海市延安西路 1882 号 邮政编码：200051）
出版社网址：dhupress.dhu.edu.cn
天猫旗舰店：http://dhdx.tmall.com
营销中心：021-62193056 62373056 62379558
印 刷：上海利丰雅高印刷有限公司
开 本：889 mm×1194 mm 1/16
印 张：13
字 数：458 千字
版 次：2021 年 1 月第 1 版
印 次：2021 年 1 月第 1 次
印 数：1-1500 册
书 号：ISBN 978-7-5669-1797-3
定 价：299.00 元